Diario de un Alcohólico

Gerardo "Half Dead" Martínez

Leopoldo Murillo

Dedicatorias

Para mis mentores, **Don Sergio y Don Pancho**.

Han inspirado mi vida; siempre estarán en mi corazón y en mi alma.

Aprenderé de sus consejos y haré que se sientan orgullosos de mí. Ojalá que este libro llegue a ustedes algún día para que puedan ser testigos del impacto que han tenido en mi vida.

Dios los bendiga.

Geovany Jacobo

Tabla de Contenido

Mi Primera Bebida 6

La Muerte de mi Caballo Blanco 9

La Peste Negra en Tempe 12

Encontré mis Crocs en México 17

El Trabajo Más Fácil del Mundo 20

Ruta 666 23

MOB 27

Un Día de San Valentín que te Dejará sin Aliento 30

Chamuco y el Diablo 33

Descuento de Five Finger en Acción de Gracias ... 36

Ernesto y Jack in the Crack 39

Bolas de Acero 42

Geo y su Planta Favorita 45

Ciudad del Pecado 47

Estar en El Cielo y en El Infierno y Volver 51

AZ Pack 54

El Mejor Menudo de la Ciudad 57

Señor Cagon 60

El Jefe 63

El Buen Presagio 66
El Borde del Mundo 69
El Hijo del Traficante y El Sicario 72
El Abogado del Diablo 77
En Busca de la Felicidad 80
Tiempos Altos, Buenos Tiempos, Malos Tiempos 83
16 de Junio de 2024 86
La Búsqueda Interminable del Conocimiento 88
El Perdón 91
La Vida Después de La Muerte 93
Purgatorio 96
Cuatro Cervezas del Apocalipsis 99
¡Jaja! Maldita Sea… 102
Kool-Aid 106
Yo, Yo Mismo y Bronco 109
Orgullo 112
Codicia 114
Ira (Parte 1) 117
Ira (Parte 2) 120
Ira (Parte 3) 122
Envidiar 125
Glotonería 128

Lujuria 131

Ranura 133

Ancestros.sv 136

Matriarca 140

Éxodo 143

Perdiendo Mi Fe 147

Sacrificio = Éxito 150

Es Lo Que Es 153

Sra. Milwaukee 6.9 156

Rey Kobe 159

Verdad Tangible 163

Solo en Casa 2024 166

Mi Ultima Bebida 169

Expresiones de Gratitud 173

Leopoldo Murillo

Mi Primera Bebida
Entrada 1

Tenía 21 años y estaba triunfante. Me convertí en camionero cuando cumplí 21 años. Me iba bien en la vida y ayudaba económicamente a mi familia. Soñaba con formar mi propia familia, tener hijos, un niño y una niña, y tener una casa propia. Todavía recuerdo esa fecha, una mañana ventosa de sábado. Yo era el objetivo del diablo.

Nos estábamos preparando para ir a una fiesta familiar a la que nos habían invitado. La compañera de trabajo de mi madre estaba organizando una fiesta para su hija. Nos sentíamos bien; el coche tenía el tanque lleno, íbamos a tiempo y, además, mi padre no se comportaba como un cabrón. Manuel nos llevó hasta allí. Recuerdo que me dieron luz verde para beber alcohol.

Llegamos a la fiesta y la carne asada olía bien. Los Cadetes de Linares sonaba muy fuerte en los altavoces. Pero yo estaba concentrado en mi primera cerveza. Para mi diversión, tenían una gran variedad de cervezas y licores fuertes. Recuerdo haber visto Budweiser, Corona, Tecate (roja y azul),

Modelo, Coors y muchas más. Había una cantidad ilimitada de tequila, vodka y coñac. El diablo me había atraído. Recuerdo que, desde ese día, no me importó nada ni nadie. No me importaba la deliciosa comida ni las mujeres guapas de ese día. Mi madre o mis hermanos ya no me importaban. Terminé la primera lata en algunos tragos ininterrumpidos. Recuerdo haber bebido mucho más, pero mi vida ha sido un borrón desde ese día.

Lo siguiente que recuerdo es que perdí el conocimiento; sentí la necesidad de vomitar. Estábamos en el paso subterráneo en la esquina de Lankershim y Sherman Way. Salí del auto por el lado del pasajero y, en un movimiento rápido, llegué a la esquina de la acera y a la calle. Uno de mis hermanos pequeños me levantó y me sentó en el auto. Mi madre conducía. El dolor de cabeza y las molestias hicieron que el viaje a casa fuera eterno.

Llegamos a la casa. Corrí inmediatamente al baño. Tuve que vomitar en el inodoro y en mi segundo movimiento rápido me rompí la nariz con el borde de la tapa del inodoro. Sentarme en el suelo me hizo pensar en mi futuro inmediato. Saber que en mi familia había alcohólicos, casi todos excepto mi madre. No tenía un futuro brillante. Y aunque estaba enfermo en el suelo, no pensé en dejarlo. ¿Por qué lo haría? La sensación que experimenté ese día fue deliciosa. No preví que estaba sacrificando mi vida. He estado cerca de la muerte cuatro veces. Estar en la UCI me ha dado oportunidades de vivir más tiempo; podría decir que estoy en horas extras. No estoy muerto por falta de intentos; el Diablo no me quería en el infierno; estaba haciendo un mejor trabajo torturándome a mí mismo.

Ahora puedo recordar mi vida, las decisiones estúpidas que tomé y la importancia de dejar ir. Los hermanos que perdí y los que todavía están conmigo. Ahora estoy 100% seguro de dos cosas: que voy a morir y que no volveré a beber alcohol.

Geovany Jacobo

La Muerte de mi Caballo Blanco

Entrada 2

Llevé a mi abuelo a una entrevista de trabajo en Arcadia Inc. en el centro de Los Ángeles. Mi padrastro y mis dos tías trabajaban allí. La empresa se especializa en puertas y ventanas de aluminio para oficinas y propiedades industriales. Recientemente obtuve mi licencia de conducir Clase A y pedí un trabajo como conductor de camión. Enseguida me dijeron que le preguntara al supervisor de envíos. Dios me bendijo con buena suerte ese día; me dieron un trabajo.

Disfruté de mi trabajo en Arcadia, donde trabajé como chofer y empleado de almacén. Aprendí todo el proceso de construcción de una puerta industrial, desde la fabricación hasta la entrega. Me comuniqué con el cliente hasta el ensamblador. Mi padrastro vio los cambios que estaban ocurriendo en mi vida. Fueron buenos tiempos.

Yo conducía un Mercury Tracer, también conocido como The Turtle. El velocímetro marcaba 80 mph, pero sé que manejaba el auto a velocidades mucho más altas en la autopista. Mi padrastro me preguntó si quería un auto más nuevo. Me ayudaría a obtener financiación para el vehículo en un concesionario. Elegí un Crown Victoria blanco del 96; era tan majestuoso. Me sentía imparable en ese auto. Era un Police Interceptor. Corrí a 110 en la autopista 110. Compré un sistema de sonido que era tan fuerte que era la envidia de mis amigos.

Un día, llegué a casa del trabajo. Vivía con mi hermano en un pequeño apartamento en Hollywood. La novia de mi hermano estaba de visita. Irene, la Cookie Monster, la perra era tan fea. Creo que la única persona que la amaba era mi hermano. Ella pidió que la llevaran a su casa en el Valle de San Fernando. Les dije que la llevaría pero que necesitaba descansar una hora. Estaba un poco borracho, saliendo del trabajo; bebí tres botellas de Carta Blanca de 32 oz. Mis amigos y yo estábamos celebrando el error que cometió el dueño de la licorería al darme el cambio incorrecto. Las cervezas que estábamos bebiendo salieron gratis.

Las cervezas y los tacos que comí me dieron un ataque de nervios. Estaba tan borracho que me quedé dormido en el baño. No sé cuánto tiempo dormí, pero al final, mi hermano tocó a la puerta. Salí del baño y me pidió perdón. No entendía por qué decía eso; todavía estaba pensando si me había limpiado el culo después de la defecación masiva.

Vi a mi caballo blanco destrozado. El monstruo de las galletas chocó con un poste de luz en Santa Mónica BLVD. No dije nada; todavía estaba registrando las consecuencias de nuestras acciones. No culpé a mi hermano. Fue culpa mía y de esa estúpida perra también. No podía culpar a nadie más que a mí. Esas fueron las consecuencias de mi bebida y de no tener las agallas para decirle a esa perra que se fuera a la MIERDA. Esos fueron los malos tiempos.

Leopoldo Murillo

La Peste Negra en Tempe
Entrada 3

Mi hermano y yo tuvimos que irnos de casa. Nuestros vicios eran incontrolables. Bebíamos como si no hubiera un mañana. Nuestra forma de beber, más la actitud de mi hermano, nos valió un billete de ida a Phoenix. A mí me estaba saliendo una ampolla en la planta del pie derecho y me fui a México para curarla. El médico me quitó el líquido que tenía acumulado debajo del pie. Esa misma semana, nos mudamos a Phoenix.

Teníamos pensado terminar en el refugio para hombres de Meza, Arizona. Para nuestra desgracia, el refugio estaba lleno. Un trabajador nos dijo que volviéramos a comprobarlo la semana siguiente. Teníamos dos opciones: buscar en el refugio del centro de Phoenix o terminar en la calle. Teníamos 400 dólares con nosotros. Queríamos experimentar la libertad total. Deseábamos una verdadera utopía, así que terminamos en la calle.

En nuestro primer día sin hogar, compramos un paquete de 30 cervezas Milwaukee's Best y algunas Slim Jims. El sol todavía estaba alto; debían ser alrededor de las 5:00 p.m. Conocíamos Tempe, así que decidimos quedarnos en Clark Park, en Broadway y Hardy. Estábamos entrando en una fase de psicosis; oscureció de inmediato y el miedo a estar solos se había apoderado de nosotros, pero juramos no volver.

Los meses siguientes fueron una confusión para mí. Los fines de semana eran buenos para nosotros. Durante el día, las familias hacían fiestas para sus pequeños. Comíamos las hamburguesas y las salchichas de hot dog que tiraban a la basura. Era un festín con las seis cervezas Old English 800 de 40 onzas. Todos los días, tomábamos el autobús a Tempe High School. Después de la escuela, el campus estaba abierto al público. Tenían canchas de handball. Por la noche, nos quedábamos en el parque bajo un banco de cemento o íbamos a un negocio vacío a descansar junto a las cajas eléctricas para calentarnos. A veces, estábamos tan borrachos y cansados que dormíamos en los callejones junto a los contenedores industriales. Esa era nuestra realidad hasta que conocimos a Ángel. Él era nuestro salvador, o eso creíamos.

Este chicano vio nuestra confusión sobre el futuro. Se acercó a nosotros y respetuosamente nos preguntó si éramos personas sin hogar. No respondimos verbalmente a esa pregunta, pero nuestro olor a caca y orina nos delató. Nos ofreció la casa abandonada de su madre. Dijimos que sí y, finalmente, Dios nos dio un respiro, pero era la casa del diablo.

Guadalupe, Arizona, es mi ciudad querida. Esa casa no tenía electricidad ni agua corriente, pero las ratas eran lo peor de vivir allí. Corrían constantemente por la pared y hacían ruido todo el día. En el dormitorio había un retrato caricaturesco de la Virgen de Guadalupe. Encontrábamos soluciones para casi todo. Para las luces comprábamos velas en la tienda de dólar. Para bañarnos, conseguíamos baldes de agua de los vecinos. Pero las ratas no tenían solución. Había por lo menos 200, tal vez más.

Seguimos bebiendo. Pensábamos que estábamos bien y a salvo. Ya estábamos planeando conseguir un trabajo. Teníamos refugio y comida. Me quitaba los zapatos para dormir. Me quedé en un sillón reclinable que encontramos en la casa. Mi hermano dormía en la cama. Y entonces me pasó lo más inimaginable. Una rata me mordió el pie ampollado; apuesto a que esa rata comió durante un rato. Tenía muchos nutrientes de toda esa basura que comí, en la sangre. No sabía nada de la mordedura. Le pedimos dinero a Eric y nos envió algo por Western Unión. Por eso teníamos una excusa para salir. Estábamos planeando el lugar donde abriríamos nuestra primera botella. Yo estaba débil; no podía caminar. Me sujetaba de la valla para no caerme. A los cinco hermanos nos enseñaron a no comportarnos como perras, así que dudé en llamar a los paramédicos, pero al final lo hice.

La ambulancia me llevó al hospital St. Luke de Tempe. Allí estuve en la UCI toda la noche. Por la mañana, me trasladaron al St. Luke de Phoenix. Llegamos al hospital y me ingresaron inmediatamente en la UCI.

Después de un rato, el doctor vino a hablar conmigo, un hombre blanco mayor, el Dr. Johnson. Dijo que él era el cirujano principal y que tenía que operarme la pierna para salvarme la vida. Tenía gangrena, ¡MALDITA GANGRENA! Iban a operarme por debajo de la rodilla. Si la gangrena seguía extendiéndose, iba a seguir cortando hasta que estuviera libre de infección. Le dije a mi hermano que NO llamara a nadie. Iba a morir como un maldito PERRO.

Entramos en el quirófano. Hacía frío, las paredes eran de un amarillo verdoso y había mucha luz. El enfermero me mostró la jeringa y me dijo que contara del 1 al 10 hacia atrás. Me quedé dormido a las ocho.

Leopoldo Murillo

Geovany Jacobo

Encontré mis Crocs en México
Entrada 4

Mi hermano y yo decidimos ir a San Luis, México. Era sábado por la noche y recibimos el pago de True Leaf. Entre los dos teníamos 1400 dólares. Íbamos al club de striptease de San Luis, Boobies Men's Club, que es una forma más elegante de decir burdel. Comprobamos si teníamos pasaportes, llenamos el tanque y compramos seis Milwaukee's Best para el viaje.

Dejamos el coche en este lado de la frontera. Caminamos hasta Sonora. Siempre me ha gustado San Lucas porque tiene un ambiente diferente. La gente de allí es más callejera. Se puede sentir su felicidad; se puede ver su ajetreo. Siempre en busca de un dólar, desde el empleado de la tienda hasta la vieja puta de la calle. Siempre me siento querido allí. Por $60, puedo permitirme el amor de una mujer, y después de un tiempo, cada parte a su camino. AMO SAN LUIS.

Llegamos a Boobies. Estaba a un corto paseo de la frontera. Pero antes de entrar, comimos un cóctel de camarones en el puesto callejero de la esquina.

Pagamos la entrada. Las paredes estaban oscuras, pero las luces eran brillantes. La música estaba alta. Olía a pescado fresco. El tiempo que disfrutamos terminó rápidamente entre cervezas, culo y tetas. Bebíamos rápido, una cerveza por canción. Nuestra donación fue aceptada cada vez que se recaudaba dinero para "Alimentar a una puta". Mi hermano estaba encorvado constantemente. Lo cargué hasta la puerta. El guardia de seguridad me dio apoyo porque se estaba preparando para echarnos.

Caminamos durante 15 minutos. Encontramos un motel que tenía habitaciones disponibles. Dejé a mi hermano a salvo y salí por la puerta. Mi misión era encontrar una cantina mexicana. Esos bares que son de países del tercer mundo. Encontré uno y entré. Había una prostituta y tres clientes mexicanos bebiendo. Me senté en el bar y pedí una cerveza. Pedí una caguama Carta Blanca por $3. Eso fue súper barato para la experiencia del bar. Estaba disfrutando de la cerveza y la música en un lugar alegre. Creo que eran las 3:00 AM; estaban cerrando. Nos levantamos y le pedí al cantinero un cigarrillo. Cuando salí, el viento me golpeó, además el humo del cigarrillo me cansaba constantemente. Perdí el conocimiento de mí mismo.

Desperté al lado de un basurero en un callejón. Lo primero que revisé fue mi billetera. Si tuviera mi billetera, aún tendría mi dignidad. Me había cagado en los pantalones y me faltaba una pantufla. Empecé a caminar; era desconcertante. Encontré mis Crocs a tres cuadras. Después de media hora, vi el hotel. Geo estaba durmiendo. Lo desperté y lo mandé a buscar un paquete de dieciocho latas de Tecate rojas. Necesitaba un par de pantalones y una camisa. Me di una ducha cuando él se fue a buscar cervezas. Soy grande y Geo me consiguió ropa para una chica delgada y una blusa rosa. Después de todo lo que pasé, no me importó una mierda. Nos bebimos el paquete de dieciocho latas y nos dirigimos a la frontera. Geo debió haber manejado de regreso porque perdí el conocimiento antes del puesto de control.

"SABES QUIEN SOY, O SI."

Leopoldo Murillo

El Trabajo Más Fácil del Mundo
Entrada 5

Estaba celebrando mi victoria de los Green Bay Packers sobre los débiles Steelers. Era el fin de semana del Super Bowl y tenía que beber, aunque tenía que ir a trabajar. Gané $300 esa noche. Iba a trabajar y cobraría. Conseguí un paquete de cuatro cervezas Four Max y dos Olde English 800 de 40 oz para el trabajo. Una vez que preparé mi almuerzo, conduje hasta el trabajo.

Taylor, carajo, Farms. Todos los inviernos cultivan y embolsan lechuga y verduras para las ensaladas que comemos en este país. Yo formaba parte del equipo de saneamiento y trabajaba de 10:00 p. m. a 8:00 a. m. Mi trabajo consistía en desinfectar y regar con manguera cuatrocientos botes de basura de 44 galones y ruedas. El trabajo era fácil; el único inconveniente era el horario.

Empezábamos cada turno poniéndonos un traje amarillo mojado. Nos atábamos las muñecas con cinta adhesiva para asegurar los guantes de goma. La cinta impedía que el agua entrara en nuestros suéteres. Nuestro casco era amarillo. También teníamos unas gafas protectoras para que los productos químicos no nos entraran en los ojos, y botas de goma cuando era necesario. Si el suelo cerca de nosotros estaba seco, no estábamos trabajando. Una vez preparados, entrábamos en la planta. Barríamos la basura grande. Yo recogía todas las latas de plástico y tenía que distanciarme de los demás porque había demasiadas. Eso me permitía escabullirme y beber una lata antes de empezar a trabajar. Tenía que preparar el jabón y el desinfectante en un tanque. Rociaba la mezcla de jabón y productos químicos sobre las latas. Las sustancias se dejaban en las latas durante media hora para que el jabón hiciera su magia. Eso me daba tiempo para ir al baño, ir al coche y beber otra lata.

Una vez energizado, volví a limpiar los bidones. La presión del agua era tan intensa que debía tener cuidado con la manguera. Después de tres horas de trabajo, la bebida habría hecho mella en mi rendimiento laboral. Me iba a dormir de pie. No me caía porque la presión del agua golpeaba el suelo y esa fuerza impedía que cayera. Mantenía la cara mojada continuamente para no quedarme dormido.

Una vez que no pude mantenerme despierto, fui al baño y al auto a beber de nuevo.

Las primeras personas del primer turno eran las encargadas del control de calidad. Probaban las superficies de todo lo que estaba en contacto con la lechuga. Una vez que todo estaba aprobado, la producción comenzaba con sus labores. Empecé en producción en Taylor Farms, pero esa es una historia para otro día.

Al hacer el trabajo dentro de la planta, así que teníamos que barrer el exterior. Como soy un trabajador excepcional, me quedé dentro del coche durante dos horas. Bebí un vaso de 40 onzas mientras escuchaba música. Llegó la hora de fichar. Me alegré de que la noche hubiera terminado. Esa noche fue una de las muchas en las que trabajaría bajo la influencia de alcohol. La única diferencia fue el Super Bowl. Oh, mierda, me olvidé del dinero.

Geovany Jacobo

Ruta 666
Entrada 6

Mis hermanos y yo decidimos salir. En uno de esos raros días, mis hermanos hablaron entre ellos de una manera poco común. Acordaron que íbamos a salir, no sabíamos exactamente a dónde; simplemente nos subimos a la Ford Expedition. El sonido envolvente estaba tocando "Not to Touch the Earth" de The Doors. La canción y la cerveza nos dieron adrenalina y una sensación de felicidad. Hicimos planes para comprar un paquete de 30 Milwaukee y algunas Munchies y nos dirigimos a los humedales y más tarde a San Luis, México. A Boobies, para ser más específicos.

Llegamos al parque. Los patos nadaban y los pájaros cantaban. Había muy poca gente en el parque: algunos corredores, los trabajadores del parque y algunas personas sin hogar. Siempre llevábamos agua embotellada para las personas sin hogar y éramos tacaños con la cerveza. Incluso odiaba compartir con mis hermanos, pero son de la misma sangre. Empezamos a beber rápido; hacía calor afuera. La música sonaba muy fuerte. En ese momento, "People are Strange" era la canción favorita de Geo.

Inspirados por la música y bajo los efectos del alcohol, tomamos la estúpida decisión de bañarnos en el río. Solo llevamos la ropa que llevamos puesta. Saqué las llaves y la cartera del bolsillo, pero no recordé que tenía el pasaporte en el bolsillo de la camisa y lo perdí. Una vez que caí al agua, mi juicio se vio aún más afectado. Mi coordinación y percepción de profundidad estaban jodidas. Después de beber una cerveza cada uno, salimos del agua. Comimos las bolsas de Monchis con un poco de cerveza. Hablamos mucho, principalmente sobre el sentido de la vida. Para nosotros era alegría hablar de eso, pero éramos tres alcohólicos; todo era una mierda. Creo que pasaron tres horas. Nuestra ropa estaba seca con el sol y el aire caliente.

Decidimos ir a San Luis, México. Todos empezamos a discutir quién de nosotros estaba menos borracho para conducir hasta México, pero a mí me importaba un carajo. Yo tenía las llaves. Iba a ser un viaje de 45 minutos. Pasamos por la tienda y compramos más cervezas. Estábamos borrachos y, mientras escuchaba "Riders on the Storm", tomé la mala decisión de bajar la ventanilla. Ese acto me emborrachó tanto que apenas recuerdo nuestro viaje hasta la frontera.

Geovany Jacobo

Recuperé el conocimiento en el asiento trasero de la camioneta. Me había estrellado contra unos postes en una calle sin salida al lado de la prisión estatal. Y para colmo, se me había acabado la batería. Recuerdo que busqué una lata entera entre la basura y las latas vacías. Tuve que beberme una o dos porque me estaba preparando para ir a la cárcel del condado.

El DHS y el Departamento de Policía de San Luis nos detuvieron. Nos preguntaron si estábamos bien, pero solo querían ver si teníamos drogas. Ni siquiera mencionaron las latas vacías. No teníamos cables para cargar la batería. El Departamento de Policía de San Luis llevó a mi hermano a Auto Zone. Se llevó la batería para recargarla. Nos sorprendió que estuviéramos escapando de todo el caos que habíamos tenido el día anterior. Teníamos a Dios de nuestro lado, protegiéndonos del mal. Me asombró no haber matado a nadie ni haber chocado con otro vehículo. La ciudad de San Luis estaba a solo cinco minutos de distancia. Nuestro destino era terminar en un callejón sin salida, al lado de una prisión, y salirnos con la nuestra.

"Soy el rey lagarto; puedo hacer cualquier cosa".

Jim Morrison

Leopoldo Murillo

Geovany Jacobo

MOB
Entrada 7

En 2007 trabajé en Portion Pac en Chatsworth como operador de máquina que preparaba las tazas del rancho que sirven en Jack o Carl's. Ganaba mucho dinero, alrededor de $1000 por semana, y para 2007, estaba bien. Tenía un trabajo sindicalizado. Era una bendición. Ganaba lo suficiente para pagar mis cuentas e invitar a las mujeres a comer.

Yo cortejaba a una princesa peruana de piel oscura. Luz también era operadora de máquinas. Trabajaba duro como un hombre. Era inteligente, hermosa y femenina y se mantenía reservada. Nuestra amistad creció porque teníamos cosas en común en el trabajo. Ambos nos ayudábamos a manejar nuestras máquinas. A la hora del almuerzo, comíamos juntos con el mismo grupo de amigos. Éramos un grupo de ocho amigos, pero ella era mi favorita.

Comíamos en grupo y cada vez una persona distinta pagaba la comida entera. Nuestras comidas costaban 350 dólares, no nos importaba. Todos sabíamos cuál era nuestra responsabilidad y nadie se echaba atrás. Luz y yo nos hicimos amigos. Ella pasaba dos veces por semana por mi apartamento después del trabajo, pero nunca se quedaba. Hablábamos todos los días por teléfono. Ella hablaba de sus hijos y de las cosas buenas y malas que había entre ellos. Yo le contaba sobre nuestro futuro. Compraría una casa para nosotros. Nuestro primogénito llevaría el nombre de mi artista favorito. Tupac Amaru sería un nombre perfecto para un niño. Un niño de madre peruana, y si fuera niña, se llamaría como ella, la luz de mi vida. Tenía un gran trabajo, vivía de forma independiente y tenía una hembra excelente y robusta. La vida era buena.

Mi consumo de alcohol mejoró drásticamente. Bebía botellas de Hennessy y Southern Comfort y la induje a tomar Alize. Un día, falté al trabajo porque me bebí una botella entera de Hennessy en 30 minutos, 2 horas antes del trabajo. Fumaba Basics y seguía bebiendo Old English en el trabajo. Discutíamos más, en mi opinión, discusiones sin sentido. Además, ella bebía más; eso era culpa mía. Nuestro amor estaba disminuyendo porque nuestra pasión por la bebida era más importante que nuestro amor mutuo. Pensé que el alcohol era más leal que cualquier mujer, y todavía lo creo.

Un día, ella vino inesperadamente a mi apartamento. Pensó que la estaba engañando. Me senté en la cama; pensé que íbamos a follar. Ella me dijo con calma que estaba rompiendo conmigo y que "ME FUERA A LA MIERDA". Vi una botella de Southern Comfort con el rabillo del ojo; estaba medio vacía. Se la iba a romper en la cabeza. Pero recordé que ella sabía karate. Acepté mi derrota como un hombre y le di un beso de despedida. Al día siguiente, fui al salón de tatuajes y me hice mi "Money Over Bitches" para ella. Iba a ponerme el tatuaje donde ella me besaba más, pero un tatuaje en mi pene me habría dolido mucho más.

Leopoldo Murillo

Un Día de San Valentín que te Dejará sin Aliento

Entrada 8

El 11 de febrero de 2022 me sentí completamente solo. Se acercaba el día de San Valentín y siempre lo celebrábamos; aunque todos los días se celebraban. Era otra excusa endeble para beber y comprar cerveza extra para ese día. Saqué un poco de carne del refrigerador para preparar unos tacos esa noche. Teníamos planes de ir al casino esa noche. Íbamos a estar Geo, mi madre y yo. Íbamos a gastar $20 cada uno. Esa era nuestra tradición.

Esa noche hacía frío. Empecé a sentirme mal; me sentía como si tuviera fiebre. Estábamos bebiendo en la sala, hablando sobre el viaje a Cocopah que tendríamos más tarde ese día. Estábamos imaginando cuánto dinero íbamos a ganar, lo cual era toda una tontería. Empecé a hablar lentamente. Empecé a sentirme mareado. Mi madre y mi hermano decidieron pedir una cita para ver a mi médico de cabecera. Nos dieron una cita ese mismo día; nos ahorraron un viaje a la sala de emergencias. Ir allí es solo una pérdida de tiempo.

No recuerdo haber visto a mi médico. Solo recuerdo que la muy cabrona dijo que yo tenía deseos de morirme. Fui a la clínica con neumonía y mi madre llamó a una ambulancia. Tuve que ir a urgencias de inmediato; el hospital estaba a solo una cuadra de distancia. Honestamente, no estaba consciente durante el viaje, cuál era el edificio de la cuadra siguiente.

Desperté con una intubación traqueal en la boca, además de dos vías intravenosas, una en cada brazo. Tiempo después, mi madre dijo que le recordaba a cuando tenía siete meses. Estaba con el mismo equipo médico porque mi abuela, por parte de mi padre, me dio leche en mal estado. Esa perra me quería muerto, no hay otra explicación que darle leche en mal estado a un bebé. Pensé que iba a morir. Le pedí perdón a mi madre por todos los pecados que he cometido. También le pedí un tomate; pensé que sería mi última comida. Al día siguiente, me sorprendió con unos tomates Cherry.

14 de febrero de 2022. Tuve un ataque cardíaco. No puedo imaginar los momentos caóticos que pasan los médicos y las enfermeras para que una persona vuelva a la vida. Hoy, le agradezco a mi médico, a mi madre y a mi hermano. Porque por ellos, sigo vivo. Estar en el hospital por neumonía me salvó la vida. Estar en el lugar correcto en el momento

correcto me permitió burlar a la muerte una vez más.

El ataque al corazón me hizo pensar en la vida y la muerte. ¿Cuál es la razón válida de mi existencia? Desde el momento exacto en que nacemos, estamos a un paso de morir. ¿Por qué trabajar duro en la vida? La única respuesta que se me ocurrió fue vivir feliz. Lo que te haga feliz debe ser perseguido. Debería lograr la felicidad emocional o financiera antes de morir. No sé qué "cosas buenas" me estaban dando. Incluso me estaba convirtiendo en un coach de vida con la maldita medicación. Incluso estaba romantizando la muerte; ella vino el día de San Valentín y me dejó con una erección y un ataque al corazón.

Geovany Jacobo

Chamuco y el Diablo
Entrada 9

Mi hermano y yo buscábamos un apartamento en alquiler en Yuma, Arizona. Nuestro amigo Chamuco también buscaba un apartamento. Estaba casado con su novia de la secundaria. Encontramos un apartamento de dos habitaciones; los cuatro firmamos el contrato de alquiler. Chamuco y su esposa consiguieron una habitación. El resto de la casa estaba abierto para que cualquiera pudiera usarla. Mi hermano y yo teníamos la otra habitación, pero la mayor parte del tiempo nos desmayábamos en el patio trasero. Crecimos con las reglas del Southside, y el respeto era necesario para la cultura. Así que, con esa mentalidad, nos las arreglamos viviendo bajo un mismo techo.

Mi hermano y yo cocinábamos para nosotros. Comíamos a la parrilla los fines de semana. Carne asada, cerdo deshuesado, o nuestro favorito, pollo deshuesado, estilo Pollo Loco, marinado con piña y jugo de naranja, con sal y orégano y una botella entera de Olde English 800, para un sabor único. Comíamos bien porque nuestra comida siempre estaba accesible. Conseguíamos comida del banco de alimentos, cupones de alimentos e incluso del basurero. No creerás cuánta comida buena tiran de los supermercados. Comíamos bien. Esa es una de las principales razones por las que aún no estoy muerto; siempre como.

En una de nuestras parrilladas, compramos una caja de 40 oz, 20 libras de pollo, un paquete de Basics y spice que me dieron en el trabajo. El spice es una hierba que nos proporciona los mismos efectos que la marihuana sin el THC. No es seguro fumarla, pero pregúntame si me importa.

Empezamos la competición de cocina. Lo primero que hay que hacer en cualquier barbacoa es beberse un sorbo de cerveza y fumarse un cigarrillo. Lo segundo es poner música, Boo Yaa Tribe fue nuestra elección. Después mariné el pollo. Corté las verduras para la salsa y las ensaladas. Para cuando el pollo estaba en el fuego, estábamos jodidos. Cada trozo de pollo de la parrilla se convirtió al instante en un taco, con guacamole y tomates picados, cebolla y cilantro, con unas gotas de limón. Joder, comimos como reyes, con poco dinero y mucha creatividad.

Después de terminar, recogimos los platos y la basura y nos preparamos para fumar spice. Teníamos un patio trasero de tierra, sin pasto ni ladrillos, solo tierra. Chamuco echó los carbones al suelo para hacer una fogata. Agregó pequeñas ramas de madera para iniciar un pequeño fuego. Todos y todo estaba bien.

Chamuco hizo un porro de spice. Esa mierda me hizo alucinar de inmediato. Empecé a ver que los demonios salían del pozo de fuego. Estaba en medio de un ataque de pánico; estaba tropezando. No me sentía seguro. Pensé que la casa se iba a quemar. Le pedí a Chamuco que apagara el fuego. Echó agua y empeoró mi pánico. Ahora sentía que el humo era un portal al infierno y Lucifer iba a salir. Geo y Chamuco me sentaron y me dieron un trago de vodka, un 40oz y un cigarrillo. Mi pánico se desvaneció; me emborraché demasiado para estar en pánico. Y juré no volver a fumar spice; fumé cristal, pero no spice.

Leopoldo Murillo

Descuento de Five Finger en Acción de Gracias
Entrada 10

Era el día de Acción de Gracias y no teníamos dinero para cenar ni para tomar cervezas. Le pedimos a nuestro vecino que nos prestara 20 dólares, pero él necesitaba dinero. No teníamos familiares en el mismo código postal y no podíamos donar plasma. Geo estaba decidido a beber; comer pavo era secundario, pero beberíamos el día de Acción de Gracias. Me dijo que me preparara; íbamos a la tienda.

Nos preparamos y salimos por la puerta. De camino a la tienda, él me contaba su plan. Lo esperaría en el parque y compraría cerveza; le pregunté si tenía dinero. Me respondió que no era asunto mío. Con esa respuesta, supe que se estaba arriesgando a ir a la cárcel.

Llegamos al parque y nos sentamos en una ramada. Hablamos brevemente de los buenos momentos que pasamos con toda la familia. Tuvimos buenos y malos momentos, pero sobre todo buenos. Recordamos cuando éramos niños, que no teníamos preocupaciones por pagar las cuentas, el alquiler o la comida. Se levantó y me abrazó. Me deseó un feliz Día de Acción de Gracias; pasara lo que pasara, estaba contento de estar allí. Tenía miedo de reírme; era demasiado dramático. No iba a morir. Pero no me reí; quería beber cerveza. Tenía una maldita resaca.

Habían pasado treinta minutos y no vi señales de él. Empecé a preocuparme; pensé que lo habían atrapado con el botín. De repente, lo vi. Desde lejos, noté que tenía un paquete de 30 y una bolsa de plástico. Cuando se acercó, vi que llevaba un pavo. Se reía porque había robado un maldito pavo congelado. Dijo que el robo fue fácil. Una vez que entró, cogió un par de bolsas vacías. Cogió el pájaro más pequeño para que fuera más fácil huir. Después, fue a los congeladores a buscar la cerveza, un paquete de 30 de Milwaukee's Best.

Nos sentíamos más seguros al cruzar el canal, sabiendo que, si nos atrapaban, no podríamos ir a ningún lado; para empezar, yo estaba en silla de ruedas. Llegamos a la sombra de un Palo Verde y abrimos nuestras primeras cervezas de Acción de Gracias. Bebimos tres cada uno, celebrando nuestra comida y bebidas gratis. Después de un paquete de seis cada uno, nos dirigimos a casa.

Una vez que llegamos a casa, mi hermano comenzó a preparar el pavo. El pavo todavía estaba congelado, pero podía cortarlo en trozos. El único condimento que teníamos era sal. Metimos el pavo en el horno y esperamos. Bebimos, vimos el partido de fútbol y bebimos más. Después de un rato, el pavo estaba bien cocido.

Le dimos un poco al vecino de adelante y, a cambio, él nos dio un pastel de calabaza; le agradecimos. Le dimos pavo a los vecinos de atrás; a cambio, ellos nos dieron más cerveza. Después de comer, le agradecimos a Dios por todo: la familia, los amigos y estar vivos y sanos. Nos íbamos a dormir con el estómago lleno, sin un centavo en los bolsillos para comprar comida o cervezas. Dios es bueno.

Geovany Jacobo

Ernesto y Jack in the Crack
Entrada 11

Ernesto y yo éramos mejores amigos. Lo conocí cuando tenía seis años. El cabrón era un poco más joven que yo, pero actuaba como si fuera una criatura. Siempre se comportaba como un cabrón, se cagaba encima y tenía ataques de pánico. Ernesto era mi mejor amigo, es como mi hermano, a la mierda con eso, él ES mi sangre. Crecimos en la misma comunidad y él y yo fuimos a las mismas escuelas. Su familia se mudó al valle; también los hemos seguido. Nuestras familias compraron propiedades en el Valle de San Fernando. Su padre era una figura paterna para mí. Lo admiraba. Ernesto Sr. me aconsejó que fuera al Pasadena City College y estudiara Arquitectura, lo cual hice, pero reprobé en el tercer semestre.

Ernie asistió a mi graduación de la escuela secundaria. Teníamos una amistad sincera; él estaba orgulloso de mis logros, al igual que yo. Yo estaba tan ocupado con la escuela y el trabajo que me perdí su ceremonia de graduación. Con el paso del tiempo, comenzamos a tener intereses diferentes.

Siempre comíamos en el mismo sitio, dos Ultimate Cheese de Jack in the Crack cada uno. Hacíamos carreras entre nosotros. Yo tenía un Ford Crown Victoria Police Interceptor. Él tenía un BMW gris, muy gay. Yo siempre ganaba. Su coche aparecía en mi espejo retrovisor.

Cuando yo empecé a beber, él no. Yo estaba orgulloso de él por no dejarse influenciar por mí. Eso me daba más libertad para beber. Él era mi conductor designado. Acordamos que yo bebería y él conduciría. Un día la cosa se puso festiva. Yo estaba en su casa celebrando; estaba bebiendo Cisco, también conocida como "heroína líquida". Estábamos en la sala de estar. Me desmayé con tres botellas, 12 onzas de alcohol al 18% cada una. Ernie dijo que estaba diciendo tonterías. Cuando recuperé la conciencia, me había cagado en los pantalones; estaba sentado en el suelo de la sala de estar, que tenía una alfombra blanca. Me sentí avergonzado de mí mismo esa mañana. Abusé de nuestra confianza. Lo siento mucho por eso.

Nuestra amistad estaba bien, pero no era lo mismo. Perseguíamos objetivos diferentes, así que ya no hablé con E. Puede que haya dicho un mal chiste. Han pasado años desde que supe de él. Puede que E esté muerto, ¡no lo sé! Si está vivo, quiero que sepa que lamento haber herido sus sentimientos. ¿Cómo se llama?

Leopoldo Murillo

Bolas de Acero
Entrada 12

Mi hermano y yo teníamos nuestra rutina. Todos los lunes, mi hermano ayudaba en el banco de alimentos. Los martes, iba a Tempe High a jugar handball. Los miércoles, hacía voluntariado en una iglesia, repartiendo comida en Ahwatukee. Los jueves, íbamos al parque de Tempe a beber con personas sin hogar. Los viernes, mi hermano ayudaba a un amigo con los trabajos de jardinería para conseguir dinero extra para cervezas. Los sábados y domingos los llamábamos fines de semana de apagón.

Incluso los fines de semana teníamos una rutina. Salíamos a comprar cerveza a las 8:00 a. m., suficiente para aguantar hasta el mediodía. Al mediodía, volvíamos a salir. Nuestro último viaje fue a las 6:00 p. m. Lo hacíamos para controlar nuestro consumo de alcohol. Bebíamos de todas formas, pero comprar pequeñas cantidades de alcohol a la vez controlaba el ritmo de nuestro consumo. Aun así, nos desmayábamos porque, a las 6:00 p. m., comprábamos la botella más grande y barata de vodka o tequila.

En ese momento, ya había perdido la capacidad de caminar y retenía líquidos en mi organismo. No orinaba con la frecuencia que debía. Ya tomaba pastillas para orinar, pero consumía mucho líquido. No me importaba; prefería morir con una botella en la mano que vivir hasta viejo sin alcohol. Entonces, un día, la cosa se puso fea una vez más.

Mi salud empeoró. Cada vez que me sentaba en el inodoro me dolían los testículos. Tenía que sentarme en el borde de la silla de ruedas para estar cómodo. El único momento en que estaba en paz era cuando estaba acostado en la cama. Ya no podía salir. Mi hermano iba a buscar comida y alcohol.

Decidimos ir al médico, tenía un dolor insoportable. El médico empezó a hacerme preguntas estúpidas y yo me empecé a frustrar. Durante diez minutos me hicieron preguntas sin sentido. Le pedí al médico con voz exigente que me revisara los testículos. El médico y la enfermera vieron mis testículos con disgusto. Habían crecido hasta el tamaño de una toronja. Llamaron a la ambulancia y me transportaron al Hospital St Joseph, en Phoenix.

Fui a urgencias. Al día siguiente me hicieron una tomografía computarizada del cuerpo. Revisaron mi cerebro, mis riñones y mi hígado, desde el tracto digestivo hasta los testículos. Los médicos hacían sus rondas por todo el hospital. Yo les mostraba mis pelotas a decenas de médicos a la vez. Yo era El Cerebro, la rata del laboratorio de Warner Brothers. No tenía vergüenza; ya había estado en el hospital demasiadas veces.

Estaba mejorando mi salud. Mis testículos ya tenían un tamaño estándar, grandes pero normales. Mejoré porque no bebí alcohol durante tres semanas. Me estaba desintoxicando de los químicos que estaba introduciendo en mi cuerpo. Al final de la tercera semana, el hospital me llevó a Guadalupe, a mi infierno. Sin embargo, me alegré de ver a mi hermano pequeño. Tenía tres latas de 32 onzas con mi nombre.

Geovany Jacobo

Geo y su Planta Favorita
Entrada 13

Mi hermano no era un fumador de marihuana, pero le encantaban las plantas. Hacía trabajos de jardinería para los vecinos. Bob y Kathy Carrol vivían al lado nuestro. Bob tenía unas 300 plantas en macetas en su patio trasero. La responsabilidad de mi hermano era regar dos veces por semana en invierno y cada dos días durante el resto del año. Geo cobraba con dinero de la cerveza. El trabajo de Geo valía ocho latas de Milwaukee's Best cada vez que regaba. Bob era otra figura paterna para Geo. Bob le aconsejaba a Geo sobre modales y responsabilidades. Llevaba a Geo a Lowes o Fry's para que lo ayudara. Mi hermano estaba feliz de todos modos porque podía ir a donde se congregan los blancos.

Así surgió el amor por las plantas. En ese momento, yo conducía una Ford Expedition. Cuando conducíamos bajo los efectos del alcohol, jugábamos a nombrar la planta que queríamos y la mayoría de las veces acertábamos. Bebíamos tanto que nos desafiábamos mutuamente a robar una planta de la calle. Una vez, iba conduciendo cerca de un Walmart. Reté a Geo a que me trajera un cactus barril. Sin pensar en las consecuencias, el muy cabrón se bajó del coche y, con las manos desnudas, sacó el cactus de la tierra. Lloró como un cabrón toda la semana. Mi planta favorita es la cuchara del desierto, así que me saqué una, pero con guantes.

Una vez estábamos regando las plantas de la casa. Habíamos bebido mucho ese día. Reté a mi hermano a que comiera algunos cactus si le gustaban. Sin preocupaciones, comenzó a comerlos con las espinas. Estaba demasiado borracho para reaccionar al dolor.

Geovany Jacobo

Ciudad del Pecado
Entrada 14

Toda la familia se dirigió a Las Vegas para celebrar el cumpleaños de mi hermano. Yo estaba feliz, pero preocupado al mismo tiempo. El cumpleaños de Jesse era una ocasión que teníamos que celebrar. Él quería ir a Sin City. Yo solo necesitaba vigilar a Geo. Cogimos dos vehículos. Eric condujo con Geo. Jesse condujo con mi madre, mi abuela y yo. Fue una experiencia alegre; nunca había tomado la ruta de Arizona a Las Vegas. Allí, estaba pensando en el viaje de Geo y Eric, y aunque se tenían un amor fraternal, no estaban de acuerdo en la mayoría de los temas. Uno era republicano y el otro demócrata.

Llegamos a nuestro destino, The Circus Circus. Los demás también llegaron sanos y salvos. Geo había decidido comprar pequeñas botellas de vodka de una sola porción. Una decisión que pagaría más tarde. Al mismo tiempo, todos los demás llevaban el equipaje a las habitaciones. Geo y yo nos quedamos en el piso del casino. Puse $20 en la máquina. Después del cuarto juego, gané el premio gordo; gané $600. Cobré y me alejé de la máquina. No lo sabía entonces, pero no volvería a jugar en ese viaje. Jesse nos consiguió nuestras habitaciones. Consiguieron dos habitaciones, una para Eric, mi madre y mi abuela. En la otra habitación estaban Jesse, Geo y mi mismo.

Yo estaría con Geo la mayor parte del tiempo, así que le pregunté si quería caminar, pero era un código para prepararme para emborracharme. Nunca en mi vida había bebido cerveza abiertamente en la calle; iba a ser mi primera vez bebiendo cerveza legalmente en la acera sin una bolsa de papel. Nos lo estábamos pasando bien en la calle. Sabía que nos estábamos perdiendo las celebraciones de mi hermano, pero al menos no las estábamos arruinando.

Regresamos a la habitación y seguimos bebiendo; todo estaba tranquilo. Jesse nos invitó al Stratosphere. En el piso del casino, una perra comenzó a reírse de mí; supongo que le hizo gracia que me faltara una pierna. De la nada, Jesse comenzó a defenderme. Geo estaba demasiado borracho como para preocuparse. La perra tuvo suerte de que no me levantara, usando mi pierna y mi polla. Iba a patearle el trasero con mi polla. El incidente se desvaneció. Los tres subimos a la cima. El viaje en ascensor fue rápido. Fue una sensación magnífica estar en la cima. Jesse compró tres cervezas, cada una costaba 20 dólares. Supongo que estábamos pagando por el ambiente.

Regresamos a la habitación. Jesse llevó al resto de la familia a dar un paseo por el Strip mientras Geo y yo nos quedamos en la habitación. Estábamos contentos con los acontecimientos del día. Hablamos de las hermosas fotografías que tomamos allí y de que siempre tendremos algo para recordar ese momento.

Más tarde esa noche, nos trajeron comida china. Geo comió de todo, excepto un delicioso pollo al ajo. Dijo que es alérgico al ajo, pero creo que es una tontería. Después de la comida, todo empezó a calmarse. Todos se quedaron dormidos. Nos duchamos y nos preparamos para nuestro viaje de regreso a Yuma al día siguiente. El viaje de regreso transcurrió sin incidentes, pero fue agradable. Logramos lo que nos propusimos, comimos, bebimos, disfrutamos del tiempo con la familia y lo más importante de todo: Geo no terminó en la cárcel.

¡¡¡VIVA LAS VEGAS!!!

Leopoldo Murillo

Estar en El Cielo y en El Infierno y Volver

Entrada 15

Vivíamos en la calle 8. Mi hermano y yo no teníamos restricciones; podíamos hacer lo que quisiéramos. Era temporada baja de lechuga. Yo no trabajaba y estaba recibiendo prestaciones por desempleo. Las facturas se estaban pagando y teníamos dinero extra para gastar. Chamuco y su esposa vivían con nosotros; compartían los pagos.

Tuvimos una camada de cachorros. La perra de Geo era una pitbull azul, Lokester. Estábamos celebrando con una caja de caguamas. Habíamos planeado emborracharnos; yo no iba a trabajar al día siguiente. Recuerdo que nos divertimos bebiendo y cuidando a los cachorros. Estaban empezando a caminar. Así que los encerramos con los cojines del sofá. Empezaron a pelearse por los pezones de su madre. Tuvimos cuatro machos y cuatro hembras. Éramos los orgullosos dueños de una madre pitbull. Nombré a mi favorito Hipopótamo.

Recuerdo que quería beber mucho. Eran más o menos las 8:00 p. m. Estaba oscuro y los niños estaban jugando afuera. Les dije a dónde iba, que volvería y si necesitaban algo. Dijeron que estaban bien. Mi hermano estaba demasiado ocupado con los cachorros. Empecé a caminar hacia la licorería; eran como 10 minutos a pie. Entre mi apartamento y la tienda había un parque de caravanas. Me dirigí a la tienda y dos tontos me detuvieron; me estaban robando. Me dijeron que les diera mi billetera. Respondí con un "CHUPAME LA VERGA". Y al instante, sentí un puño en la sien. Para cuando caí al suelo, me había desmayado.

Recupero la conciencia en mi sala. Geo y Chamuco se preocuparon porque no volví. Decidieron encontrarme. Me estaban interrogando si sabía quién me había jodido. Lo sabía, pero no se lo iba a decir a mi hermano. Especialmente ahora que tenía un cuchillo de carnicero en la mano. No iba a poner a Geo en peligro. Lo dejé pasar; ¿qué diablos iba a hacer? No tengo armas; soy pacifista.

Un día vi al cabrón en Food City. Estaba con su hijo. Me sentí terrible por el chico. No iba a recibir la educación adecuada con el tipo de padre que tenía. Me imaginé el futuro del chico, todas las decisiones equivocadas que tomaría, como su padre. De repente, me sentí mejor. La vida se retribuiría por la noche que había pasado con las desgracias del chico. Yo no hago las reglas, ni tampoco las hago cumplir. Estudio historia. Lo que se siembra se cosecha. AMÉN

Geovany Jacobo

AZ Pack
Entrada 16

Mi hermano y yo vivíamos en Tempe, Arizona. Compartíamos un apartamento con el ser humano más odioso del planeta Tierra, que le jodan a eso, del Universo. Mi padrastro, ese cabrón, no tiene segundo nombre porque a su madre no lo quería y decidió no desperdiciar otro nombre en él. Pero la historia es sobre mi hermano y sobre mí, no sobre ELLA.

Empezamos a trabajar en AZ Pack, que embotella la mayoría de las bebidas energéticas, como 5 Hour Energy Extra Strength, Monster Energy y muchas más. El personal era genial. El personal era diverso porque Tempe alberga a personas de diferentes orígenes. Había hermanos negros, mexicanos, hindúes y un rapero samoano. Se convirtió en un gran amigo nuestro. Estaba pasando apuros económicos; como estudiante de la ASU, tenía que trabajar a tiempo completo para cubrir sus gastos. Pero sabía cómo escupir rimas. Geo no se preguntaba si sería famoso, sino cuándo. A los ojos de mi hermano, nuestro hermano samoano era lo suficientemente bueno como para ser una estrella.

Lo llamamos Picnic porque tenía una frase que decía: "¡Esto no es un picnic, perra!".

Sin vergüenza, encontramos una manera de beber durante las horas de trabajo y, al mismo tiempo, nos convertimos en los mejores trabajadores de la empresa. Trabajábamos en el turno de noche. Así que bebíamos 32 onzas de Milwaukee's justo antes de fichar y bebíamos un 5-Hour Energy. El primer descanso era el mismo: unas 32 onzas y un 5 Hour. Hora del almuerzo: un burrito, 32 onzas, un Monster. Último descanso 32 onzas, un 5 Hour. Al final del día llegó. Nuestros corazones latían con fuerza. Constantemente teníamos que ir al baño, pero a los supervisores no les importaba. Trabajábamos duro y siempre nos manteníamos al día. Sabían que bebíamos bebidas energéticas, pero no cervezas.

Hubo días buenos y días malos. Algunos días el tiempo pasaba rápido; otros, teníamos que volver a casa. Una noche, mi hermano estaba demasiado borracho para trabajar. Pidió el día libre y se lo dieron. Yo estaba preocupado porque estaba demasiado borracho. Dijo que se iba a casa, pero yo tenía mis dudas.

Sonó la campana que indicaba el fin del turno y me subí al autobús. Mi intuición me decía que pasara por el parque. Eran las 6:30 am y me pareció ver algo debajo de una mesa de concreto. Me acerqué y vi a mi hermano; comencé a llorar al verlo allí. Ya habíamos estado sin hogar, pero verlo solo me hizo sentir desolado. No tenía la fuerza ni el deseo de dejar de beber. Entonces, hice lo segundo mejor. Compré tres latas de 40 onzas. Dos para mí y una para él cuando se despierte porque trabajó la mitad del día.

Leopoldo Murillo

El Mejor Menudo de la Ciudad
Entrada 17

Mi madre se fue a Los Ángeles en busca de mejores oportunidades laborales, según dijo. Creo que se fue porque estábamos fuera de control. Geo no obedecía. No era obediente ni sumiso, siempre estaba lleno de ira. Era del tipo "yo contra el mundo". Eric y yo ignorábamos las travesuras de Geo. La mayor parte del tiempo nos llevábamos bien. A veces, Geo se descontrolaba y Geo y Eric se peleaban, pero cada discusión tenía su solución. Geo se peleó en la calle. Lo sentenciaron a una cárcel del condado. Con mi madre en Los Ángeles y Geo en el condado, solo Eric y yo podíamos proteger la casa, o eso creíamos.

Como Geo no estaba, Eric y yo dormíamos hasta tarde. Nos despertábamos a las 10:00 y caminábamos hasta nuestro Circle K local. Cada uno comprábamos una bebida de la fuente con una pinta de vodka y una de 40 onzas para que nos durara hasta la casa. Nos sentábamos en los callejones y bebíamos nuestro vodka de la fuente, principalmente la bebida azul. Pasábamos horas en el callejón. Hablando de los acontecimientos actuales, pero sobre todo hablando mierda de todos nuestros primos. Me divertía hablando de Gayvid o Moisex. Después de un rato, nos íbamos a casa. La mayoría de las veces me volvía a dormir para prepararme para el ritual de la noche.

Me desperté de la siesta del mediodía y preparé la sartén eléctrica para nuestra comida de cinco estrellas. Eric preparó las cucharas y el abrelatas. Yo metí los limones y el Tapatío en la bolsa. Después de asegurarnos de que todo estuviera cerrado, nos dirigimos a Quality Liquor. Compramos té helado de Arizona, un poco de vodka y Milwaukee's.

Una vez en el parque, nos sentábamos en un Ramada y encendíamos nuestra sartén. Cogíamos dos latas individuales de Menudo Juanita. Abríamos las latas, vertíamos la sopa en la sartén y luego volvíamos a meterla en la lata. Para mí era el paraíso. Estaba comiendo Menudo con mi hermano en el parque y bebiendo una cerveza. Ni siquiera la policía podría acabar conmigo. Si me atraparan, iría a la cárcel con el estómago lleno y cagaría Menudo en la cárcel, pero gracias a Dios nunca sucedió. Terminaba mi comida con un Basic Light 100. Seguíamos hablando de religión, familia y estupideces.

Íbamos a la tienda a comprar las bebidas de la noche cuando se hacía tarde y oscurecía. Yo siempre llevaba servilletas porque siempre me entraban ganas de cagar, y cuando tenía que hacerlo, iba. Buscaba un callejón, buscaba privacidad y oscuridad, y allí defecaba.

No tuve preocupaciones en aquellos días con mi hermano Eric, estaba en plena utopía. Todas las noches antes de dormir, le rezaba a Dios por mi madre y todos mis hermanos y a la mierda con todos los demás.

Geovany Jacobo

Señor Cagon
Entrada 18

Mi hermano y yo trabajábamos en AZ Pack. Yo vivía con la persona más horrible del mundo, mi padrastro. Respetábamos nuestros límites; su habitación estaba prohibida. No hacer ruido después de las 8:00 p. m. significaba que no había televisión ni música porque él tenía que dormir. Para estar bien descansado para trabajar temprano en la mañana, él implementó la más odiosa de todas las reglas: NO CERVEZA. Significaba que no podíamos beber, pero nos mandaba a comprar su cerveza gay, Bud Light; es cerveza gay. Incluso Budweiser la promociona para el movimiento LGBTQ. La cerveza es gay. Un día bebí un paquete de 30. No me emborraché, pero me sentí más gay.

Teníamos que llevarnos bien. No todo era homosexualidad con mi padrastro. Íbamos a una iglesia católica con él en Guadalupe, Arizona. Nos llevaba a un puesto de birria en el sur de Phoenix. Para terminar los Domingos con buena nota, asistíamos al Phoenix Swap Meet al aire libre. Nunca supe su nombre, pero era un gran swap meet. Tenían bandas en vivo, pero no tocaban bien, pero con la música en vivo venían muchas coñitas. Las mujeres mexicanas se veían bien, pero con un par de cervezas, esas perras habrían parecido modelos, Salma Hayek con dos latas de 32 onzas.

Para romper las reglas del hombre gay, tuvimos que idear ideas ingeniosas. Nuestra primera y más brillante idea fue conseguir un turno de noche en AZ Pack. Bebíamos alcohol y trabajábamos al mismo tiempo. Dormíamos mientras él trabajaba. Incluso usábamos su televisor; teníamos que bajar el volumen después de verlo. Teníamos que dejar el maldito control como él lo dejaba, engrapado en su bolsa de plástico.

Tenía la mala costumbre de cagar con la puerta abierta. Supongo que eso le hacía sentirse como el macho Alfa. Se creía superior a nosotros hasta que le di una dosis de su propia medicina. Compré un burrito asado con chile verde; me lo comí con un Steel Reservé. Sabía cuándo iba a llegar a casa. Era predecible; siempre llegaba a casa a las 6:30 p. m. en el momento justo, más o menos 5 minutos. Así que me estaba cocinando un guiso de mierda en las entrañas. Esperé hasta las 6:30 p. m. para cagar, y funcionó perfectamente. Entró en el apartamento cuando el aroma estaba en su punto más alto. Olía a mierda por todo el apartamento. El licor de malta le daba el olor extra ofensivo. Aprendió la lección. Nunca cagaba con la puerta abierta.

Geovany Jacobo

Al final nos fuimos de casa, nos echaron, para ser más precisos. Geo jodió a mi padrastro. Leo también. Leo le pinchó todas las ruedas. Pensándolo bien, los dos hijos que lo jodieron están muertos. Leo y Geo están muertos por sus malos hábitos, pero en mi mente, creo que mi padrastro es un Brujo Joto.

Leopoldo Murillo

El Jefe
Entrada 19

Recientemente me habían amputado el pie derecho por encima de la rodilla. Le dije a Geo que no estaba pidiendo privilegios especiales, pero que no iba a sobrevivir estando sin hogar en una silla de ruedas. Conocí a Santa Claus en rehabilitación. Este hombre blanco mayor con barba blanca también había perdido su pierna. Estaba preocupado de perder su cama en el refugio. No tenía familia en Arizona; tenía una hermana en Tennessee. Al final consiguió una cama con su asistente social. Yo estaba feliz por él, pero empecé a preocuparme por mí mismo. Juré no volver a la casa. Así que Geo tuvo que dar un paso adelante y encontrar un apartamento.

Mi madre y Geo encontraron un apartamento de inmediato. El colega que nos llevó a Guadalupe llevó a Geo a la casa de El Jefe, un Marine retirado y veterano de Vietnam que era muy conocido en Guadalupe.

Geo le explicó las circunstancias de nuestra mala suerte. Necesitábamos un refugio porque yo era amputado. El Jefe debe ser un ángel viviente, a pesar de que Geo le dijo que no teníamos dinero para el alquiler, que yo estaba en silla de ruedas y que Geo estaba borracho de remate cuando se lo explicó. Dijo que sí, y tal vez su decisión estuvo influida por ver a mi madre soltera. Era viudo. Pero, a pesar de todo, tenía un lugar al que llamar hogar cuando salí de rehabilitación.

Geo empezó a trabajar en jardinería. El Jefe llevaba a Geo en su auto todas las mañanas. Ganaba dinero para el alquiler y el dinero que le quedaba lo usaba para comprar cerveza. Después de un tiempo, recibí mi cheque por discapacidad. Con él también ayudaba a pagar el alquiler.

Nos adaptamos bien al pueblo. La ciudad tenía donaciones de alimentos dos veces por semana para los residentes de Guadalupe. Geo se hizo voluntario para ayudar a distribuir la comida. Eso nos dio la primera opción de donaciones. Además, yo estaba en silla de ruedas, lo que me hizo ir primero. Independientemente de la hora a la que llegáramos, me colé en la fila. Si se quejaban, no les darían nada. Todos fueron corteses con nosotros porque también éramos respetuosos. Como alquilamos un apartamento de El Jefe, nos convertimos en nativos honorarios de Guadalupe. Nuestra moneda en las calles se convirtió en cerveza.

Había muchos fumadores de metanfetamina en Guadalupe, pero se corrió la voz de que no nos jodiéramos. Teníamos muchos amigos. Sabían que éramos alcohólicos de pura cepa. Nunca tocábamos nada en Guadalupe. Le agradezco al Jefe por eso; puso un escudo imaginario para protegernos de otras personas y de nosotros mismos. Nos aconsejaba, pero sobre todo a Geo, que cumpliéramos nuestra palabra cada vez que prometiera algo. Que nunca nos echáramos atrás en ninguna situación, buena o mala.

El Jefe es la figura paterna que me faltaba en mi vida. Me enseñó a cumplir mi palabra, a no ser una perra. Quería a Geo como a un hijo, y Geo lo veía como a un padre. Le dijo a Geo que iba a terminar en Guadalupe. Tal vez tenga razón. Voy a comprar una propiedad en Guadalupe. Esparciré las cenizas de Geo en el jardín, junto a un saguaro.

Geovany Jacobo

El Buen Presagio
Entrada 20

Geo y yo estábamos en un frenesí. Conducíamos a todas partes. Nuestro lugar favorito era el Cementerio de los Pioneros de Yuma. En lo profundo del cementerio hay un banco de madera bajo unos árboles. Tiene una hermosa vista del valle de Yuma. Este terreno aumentaría su valor si trasladaran a los muertos a Gadsden y construyeran condominios. Eso es solo el agente inmobiliario que llevo dentro hablando; no los trasladaría a Gadsden. El lugar ya está demasiado agotado.

Ese día estábamos muy borrachos, bebiendo sin parar. Nos despertábamos en el coche para seguir bebiendo. Recuerdo haber hecho estupideces en mi vida, pero esto tuvo su precio. Estaba caminando sobre las tumbas. Al mirar las reliquias, me topé con una reliquia de hierro fundido, suelta y pequeña. La persona para la que habían fundido el hierro era un ángel. La diferencia de fecha era de menos de diez años, y la tomé. Me pareció divertido. No tenía malas intenciones; no estaba pensando con claridad.

Tenía hambre y era hora de que sirvieran el almuerzo en Crossroads. Estaba a cinco minutos en auto. Ese día ganamos la lotería; sirvieron costillas a la barbacoa con ensalada de col y puré de papas. Pedimos más y, al mismo tiempo, felicitamos al chef por la hermosa comida, lo cual hizo. Nos dieron dos platos que pesaban aproximadamente cinco libras cada uno. Pasamos por la licorería y compramos algunas bebidas frías para acompañar las costillas. Regresamos al cementerio; estaba tranquilo allí.

Decidimos ir a México, nos íbamos a encontrar con Chamuco. Él vivía con su madre en San Luis. Allí, pensamos que íbamos a estar a salvo. Estuvimos en la calle durante un buen rato. Necesito estar dentro de una casa. Paso por Quality Liquor. Fuimos al drive-thru. No recuerdo qué inició una discusión con otro conductor, pero Geo se bajó del auto. La otra persona se fue sin luchar. Eso hizo que Geo fuera más intolerable. Comenzó a acelerar. Le dije que bajara la velocidad. Eso empeoró las cosas. A mis hermanos, hay que decirles lo contrario para pedirles que hagan algo. Es como decirles a mis hermanos que son hombres de verdad, pero en realidad les estaba diciendo que eran gay.

Íbamos a toda velocidad por la Ruta 95 en dirección sur frente al casino. Los policías se pusieron detrás de nosotros; sabíamos dónde terminaríamos. Aceptamos nuestras consecuencias. Al menos no chocamos y morimos. Geo se detuvo al final de la colina; todavía nos quedaba cerveza. Las tiré en medio del auto. El oficial le pidió a mi hermano su licencia y a mí la mía. Preguntaron si estábamos bebiendo. Geo dijo que habíamos bebido la noche anterior. Y toda la ropa estaba allí porque éramos personas sin hogar. En cierto modo, era verdad a medias. El auto estaba lleno de latas vacías y toda nuestra ropa. Creyeron un poco la historia de mi hermano. Fue entonces cuando vi que eran agentes antidrogas. Iban a dejarnos ir. Pero primero, le preguntaron a mi hermano dónde habíamos conseguido la reliquia, y Geo respondió que la habíamos encontrado en algún lugar.

Desde ese día, creo que algunos de los muertos son ángeles que están aquí para protegernos. Es un milagro que todavía esté vivo. Puede que tenga un ángel de mi lado.

Leopoldo Murillo

El Borde del Mundo

Entrada 21

Decidí ir con mi hermano a una temporada de pesca en el noroeste. Encontramos una empresa que contrataba, a Trident Seafoods de Newport, Oregón. Trident nos contrató de Calexico, CA. El lugar de trabajo estaba en Newport, OR. En el proceso de contratación, conocimos a un par de personas. Nos presentamos y les pedimos que nos llevaran a Oregón. Una persona de San Luis dijo que sí y acordamos ir juntos.

Un mes después emprendimos el viaje hacia el norte. Salimos de Yuma para llegar a Los Ángeles por Indio. Una vez en Los Ángeles, tomamos la Interestatal 1, Pacific Coast Highway. Las vistas panorámicas eran hermosas. Vimos el Golden State Bridge, los parques nacionales y estatales de Redwood y varias licorerías. Lo más impactante que vimos fue una mujer vestida de blanco. En medio de la noche, en la carretera, completamente sola. Le dije a Moisés que no se detuviera, que se jodiera esa perra.

Era otoño y estaba nublado. Newport es una ciudad importante; su bahía es grande. Hay un acuario, un faro y una histórica bahía. Nuestro lugar de trabajo estaba en la bahía. Los barcos descargaban toda su pesca desde allí. Mi trabajo consistía en destripar peces pequeños con los dedos índice y medio. Trabajaba rápido, con precisión y durante muchas horas. Me convertí en un experto en el campo. Geo colocaba las cajas empaquetadas en el congelador. La mayoría de los días trabajábamos turnos de 15 a 17 horas. Todo dependía de la pesca del día. Algunos días, no había pesca.

Hubo días malos. La mayoría de esos días, los amigos se reunían para una fiesta. Los hombres cocinaban y las mujeres traían los platos de acompañamiento. Mi hermano y yo nos emborrachábamos; era algo típico para nosotros. Pero un día, nuestro amigo nos invitó a ver el océano desde lo alto de un acantilado. En ese momento, lo vi como una gran idea. A mi hermano no le gustan las alturas, así que sabía que se mantendría alejado del borde. De camino al lugar, mi amigo calentó su coche con metanfetamina. Nos colocamos como locos con el humo de segunda mano. El nivel de estupidez de mi hermano aumentó. Ahora, se volvió más valiente y comenzó a decir cosas que normalmente no diría. Era más atrevido. Se sentó en una roca en la cima. Mi amigo se dio cuenta de que mi hermano era descuidado. Con señas, le dije a mi amigo que no hiciera ningún movimiento brusco; estábamos en un precipicio muy alto. Mi hermano comenzó a caminar por el borde. Le dije que me siguiera; le daría otra cerveza. Me puse sobrio al instante. Mi estado de embriaguez había desaparecido. Vi a la Muerte a mi lado; él quería llevarse a mi hermano, pero me lo prestó por un tiempo más. Nunca le mencioné este incidente a mi hermano. No sé cómo habría reaccionado. Eso me enseñó cosas que seguí durante años. Nunca visite una gran masa de agua, ni siquiera una piscina, cuando beba. En segundo lugar, nunca entro en un edificio de tres pisos con balcón. Siempre seguiré estas reglas porque vi el borde del mundo con mis propios ojos.

Geovany Jacobo

El Hijo del Traficante y El Sicario
Entrada 22

Un día, un amigo del parque nos preguntó si queríamos trabajar. Iba a cortar sandías en Maricopa, Arizona. Era un amigo que habíamos conocido en el parque durante bastante tiempo, pero nuestra única interacción con él fue en el parque. Iba a ser una experiencia nueva para nosotros. Nunca había trabajado en el campo. No estaba lo suficientemente en forma para ese tipo de trabajo. O me iban a despedir, o iba a trabajar borracho; de cualquier manera, iba a beber. Entonces, llegamos a un acuerdo con Geo y yo quería ver el mundo. Maricopa no es sorprendente, pero es mejor que Yuma.

Paramos en Welton para cargar gasolina. Geo compró cerveza para el largo viaje. Todo iba según lo previsto hasta que nuestro amigo abrió una lata; desde ese momento, sentí la presencia del diablo. Decidí no beber; tal vez tendría que conducir más tarde esa noche. El colega siguió bebiendo, su actitud cambió y se volvió más agresivo. Empecé a preocuparme. Convencí a mi amigo de que me dejara conducir para que él pudiera beber en paz. Por suerte, dijo que sí, así que comencé a conducir. Paramos para cargar gasolina y comprar cerveza en Maricopa. Allí, nos encontramos con otro grupo de granjeros; también eran recolectores. Incluso nos dijeron dónde se iban a alojar.

Seguimos nuestro camino. Mi amigo empezó a ponerse agresivo. Nos dijo que se había peleado con el supervisor de la otra tripulación. De repente, empezó a tirar del volante mientras yo conducía. Quería que chocara; era su estúpido coche. Me detuve en un aparcamiento vacío. Geo lo agarró y lo sacó por el lado del pasajero. Salí por el otro lado y jodí a ese idiota. Le quité el dinero, no la cartera, solo el dinero. Iba a pagar el taxi.

Le dije a mi hermano que debíamos ir con el resto de la tripulación. Accedimos y le dimos instrucciones al taxista para que nos llevara a ese hotel. El supervisor de la tripulación no se sorprendió de vernos allí. Nos dio una habitación y descansamos para comenzar el día siguiente.

Empecé a recoger sandías. Era demasiado lento; no iba a poder alcanzar su velocidad. Así que empecé a empaquetar la fruta en las cajas. Ser capaz de empaquetar, se me daba bien. Hay que clasificarlas por tamaño para que quepan en una caja. Geo era un experto en sacarlas del suelo. Nos adaptamos a nuestro trabajo. Éramos capaces de hacer el trabajo lo suficiente. Disfrutábamos de nuestro trabajo, pero lo único malo fue que el supervisor pensó que estábamos conspirando para dejarlo. Prometo que no era así.

Compartíamos la habitación con otros cuatro chicos. Comprábamos comida y cerveza en el Walmart local. En la habitación, todos éramos alcohólicos, así que nos llevábamos bien. Había un chico de unos 40 años. Nuestro amigo decía que tenía todo lo que quería cuando era más joven: cocaína, mujeres, dinero y más cocaína. Su padre era una persona influyente y respetada en México. Cuando su padre murió, gastó todo el dinero en fiestas. Pensé que era un mentiroso. De la nada, este tipo mayor, de unos 60 años, empezó a mencionar nombres y lugares. Eventos con fechas, estaba siendo preciso. El hombre más joven se sorprendió; sintió ganas de llorar porque dio con precisión las fechas de las fiestas que había tenido su familia.

El hombre mayor se presentó. Era el sicario del padre del hombre más joven. Era el guardaespaldas de la familia, no la persona que estaba a tu lado, sino la persona que se escondía a lo lejos, el francotirador. El hombre mayor estaba a cargo de la seguridad y el bienestar de la vida del hombre más joven.

La historia del hombre mayor nos cautivó tanto que bebimos hasta la mañana. Estábamos demasiado borrachos para ir a trabajar, así que nos quedamos dormidos. Sabía que la habíamos cagado; los cuatro faltamos al trabajo, pero no me di cuenta de que el supervisor fumador de cristales nos iba a despedir a punta de cuchillo. Mientras el supervisor le gritaba a mi hermano, yo tenía a su hermano cuidándome. El resto de esos hijos de puta se quedaron fuera de la habitación. Nos dio el día siguiente para irnos; aceptamos las consecuencias de nuestras acciones. Cuando se fueron, nos echamos a reír. El sicario llevaba consigo un cuchillo de carnicero. El supervisor nunca supo que la muerte lo acechaba.

Pedimos un servicio de camioneta para que nos llevara a Yuma. Nuestros amigos iban a México por San Luis. Nunca más los volvimos a ver, al hijo del traficante y al sicario, pero los llevamos en el corazón. Estoy seguro de que están muertos. Bebieron más que yo y fueron los únicos que pudieron hacerlo. Dios los bendiga.

Geovany Jacobo

El Abogado del Diablo
Entrada 23

Me culpo por las adicciones de mis hermanos. Fueron víctimas en su infancia. Yo era la persona a la que admiraban. Mi padrastro es solo una mujer con bigote. Yo tampoco tuve un modelo a seguir. Mi padre abandonó a mi madre cuando yo tenía dos años. El padre de mi madre me creó. No quiero recordar mucho de él. Finalmente, un hombre apreció un poco a mi madre. Ese cabrón es un psicópata. Yo era un buen modelo que seguir. Era un hijo bien educado y un estudiante excepcional. Estaba obligado a asistir a la iglesia, tanto católica como protestante.

Mi suerte cambió cuando cumplí 21 años y comencé a consumir bebidas alcohólicas. Comencé a sentir el dolor de la vida y sin darme cuenta en ese momento comencé a hacer el trabajo del diablo. No solo estaba afectando mi salud, estaba afectando la psicología de mis hermanos. Lo siento mucho por eso.

Por ejemplo, llevé a mis dos hermanos menores a comprar música. Vivíamos en North Hollywood y los llevé a Tower Récords en Burbank. Me había bebido una botella mediana de Southern Comfort. Comprábamos todo lo que queríamos. Me emborraché tanto que creo que mi hermano Geo nos llevó de vuelta a casa. Ni siquiera tenía licencia de conducir; debió haber sido antes de cumplir los 16, todo por mi irresponsabilidad. Con mi hermano Eric nos enfadábamos y empezábamos a hablar de nuevo mientras tomábamos chupitos de Hennessy. Mi hermano menor y más considerado siempre se quedaba callado. Nunca se sinceraba sobre sus sentimientos como los demás. Leo era el más rebelde de los cinco. Una vez durmió en el coche porque no quería escuchar. Lo llamaban la oveja negra; los cinco hermanos eran las cinco ovejas negras.

Ocultaba permanentemente mis acciones a los adultos, especialmente a mis padres. Por cada tatuaje que me hacía, mis padres eran los últimos en enterarse. Pero yo estaba ansioso por contárselo a mis hermanos. Vivía en la propiedad, pero alquilaba su casa de huéspedes. Con mis vicios, dejé de ir a la iglesia. Mi Dios se convirtió en la botella de Hennessy, el Olde English 800, Southern Comfort. Mis hermanos vieron eso. No estaba pensando bien. No veía las consecuencias de mis acciones. Amo a mis hermanos, pero yo era su peor enemigo.

Nunca tuvimos un modelo masculino positivo. Nos creó una mujer fuerte. Todo lo bueno que somos es gracias a mi madre. Nunca superé mi adicción. Induje a mis hermanos a seguir el camino equivocado. Siempre viviré con eso en mi mente. Lo que hice en el pasado nunca cambiará. Tengo que aceptar mis fracasos y luchar por el perdón de Dios y de mis hermanos hasta que muera.

Leopoldo Murillo

En Busca de la Felicidad
Entrada 24

Soy, por naturaleza, una persona satisfecha. La vida, para mí, es una búsqueda perpetua de la felicidad. Esto influyó en las decisiones que tomé. Cuando era joven, tenía buena salud, tanto física como mental. Me faltaba riqueza. Iba a la universidad; era feliz dentro de mí. Aprender arquitectura fue la realización de mi destino. Cuando tenía 5 años, ayudé a mi abuelo a construir la primera casa de mi madre. Hice pequeñas cosas que un niño pequeño puede hacer. A pesar de todo, dejé mis huellas de pies y manos en el piso de concreto de ese lugar.

Tenía buena salud física. En la escuela secundaria, hice cuatro años de entrenamiento con pesas para la clase de educación física. Corría una milla en 5:20 minutos. Jugaba balonmano en el parque local al otro lado de la calle de la escuela todos los días. Me consideraban de la realeza en el parque. Era el sobrino de "El Campeón". Era mi tío y ganó muchos campeonatos en el parque. Lo admiraba mucho.

Mi salud mental también era excelente. Me gradué con un promedio de calificaciones de 3,5. Estudié Física, Escritura Creativa, Química, Historia y Cálculo AP. En la universidad, mi especialidad era Arquitectura y me uní a MECh.A., una organización política estudiantil chicana. Integré mis ideas políticas con mi diseño arquitectónico, obtuve buenos resultados y excelentes calificaciones.

No tenía dinero. Trabajaba como repartidor en la biblioteca pública de Cypress Park en Los Ángeles. Ese dinero apenas alcanzaba para los materiales para los proyectos escolares. Me costaba viajar en autobús desde el Valle de San Fernando hasta Pasadena, al noreste de Los Ángeles y de regreso al Valle. Los peores días eran en invierno. Tenía que viajar con la mochila, la caja de herramientas, el tubo de carteles y los proyectos tridimensionales. Los proyectos no llegaban a la escuela; a menudo se mojaban. Después de todos los viajes, el clima y los largos viajes en autobús, estaba dispuesto a ir a la escuela.

Pero mi orgullo, mi ego, fue derrotado por las acciones de mi padrastro, o por la falta de ellas. Al regresar al Valle, tuve que caminar 3 millas con todas mis herramientas. Eran aproximadamente las 10:00 p. m. y mi padrastro no me recogió porque necesitaba dormir bien. Duré en esta rutina durante dos años y me volví miserable.

Mi naturaleza siempre ha sido la de una persona feliz. Por eso, cuando introduje el alcohol en mi vida, la enriquecí con felicidad. La persona sana, motivada y con bienestar volvió a tener una falsa sensación de alegría. Me di cuenta de que la búsqueda de la felicidad es inalcanzable, no hasta que muramos.

Geovany Jacobo

Tiempos Altos, Buenos Tiempos, Malos Tiempos

Entrada 25

Se estaba celebrando el Mundial de la FIFA 2010 en Sudáfrica. Fue inolvidable. No me perdí ni un solo partido. Vivía con mi hermano Eric y algunos amigos en el valle de San Fernando. Compartíamos un apartamento de cuatro habitaciones. Trabajaba como manipulador de materiales para una empresa aeroespacial en Burbank. Mi trayecto al trabajo era corto, quizá diez minutos. Estaban reduciendo personal y yo estaba entre los primeros desempleados porque tenía menos antigüedad. Estaba devastado. Es broma.

Me despidieron, no podía llegar en mejor momento. Yo era un trabajador responsable y bueno. Pero soy un fanático del fútbol, el Mundial es el santo grial. Como era en Sudáfrica, lo televisaron en vivo a las 6:00 AM, justo el tiempo suficiente para correr a la licorería. Estaba a media cuadra de distancia; hice un viaje de ida y vuelta de 15 minutos. Empecé a ver los partidos a las 6:30 AM y terminé viendo el último a la 1:00 PM. Ese fue mi horario durante el mes que duró el torneo.

Era el 27 de junio de 2010. Mi equipo favorito estaba jugando, mi adorado Argentina contra México. Tenía suficiente cerveza y papas fritas. Iba a ganar $500; me haría más rico o pobre. Argentina anotó una vez, dos veces y una tercera vez antes de que México anotara una vez. Inmediatamente llamé a mi amigo para cobrar mis ganancias. Mi amigo trajo el dinero y algo de Kush.

Armó un porro de Filadelfia. Le di una calada y me hizo levantarme de la cama. La cerveza no te hace sentir así. No me quejo, pero prefiero beber. La gente dice que el alcohol y la marihuana son drogas de entrada a ¿qué? ¿A los tacos? Me sentí bien; la vida estaba bien. Mi equipo ganó contra el archienemigo; bebía hasta desmayarme. Estaba pagando mis cuentas. Estaba pagando mi alquiler. Pero los vicios me dieron una falsa realidad. Después del Mundial, busqué empleo. Mi alcoholismo empeoró. Seguía pagando mis cuentas, pero decidí mudarme fuera del estado. Más tarde, descubrí que mis amigos no me querían en el apartamento. No los culpo por no quererme allí. Yo era responsable de mis acciones. Mi molestia me hizo venir sin que nadie me buscara.

Geovany Jacobo

Me mudé y seguí haciendo la misma mierda. La vida estaba tratando de enseñarme lecciones. Estaba tan adicto a mis vicios que no veía los problemas que tenía frente a mí. Tal vez elegí que no me importara una mierda. Aprendí que el karma siempre te alcanza al final. ¿Pero qué me pasó? No le deseo nada malo al peor enemigo.

16 de Junio de 2024

Entrada 26

Quiero empezar felicitando a mi hermano Eric, que es un orgulloso padre de dos niñas. Espero que Dios le dé más sabiduría y paciencia para instruir a sus hijas en una vida mejor. Sea justo y equitativo, no como el OG (Old Gay).

Recuerdo que yo idolatraba al OG, le copiaba todo, desde comer como él hasta trabajar en la casa. Él comía 20 tortillas de una sentada; yo comía 15. Barría la casa como él, lo ayudaba a arreglar el auto y cortaba el pasto como él. Hasta le pregunté a OG si podía llamarlo papá. Dijo que sí; lloré de felicidad; ¡qué cabrón!

El tiempo pasó volando. Me convertí en adolescente, me crecieron pelos en las pelotas. Empecé a notar que no era justo con sus hijos adoptados. A mí no me castigaban mucho porque era paciente, pero mi hermano Leo recibió lo peor que este mundo podría ofrecer. Leo llegó a la casa un día con una mano estampada por su buen comportamiento. Su maestra lo premió ese día porque se portó bien. ¿Qué hizo OG? OG frotó la mano con una esponja de metal. OG se inventó la excusa de que no quería que Leo pensara que los tatuajes estaban bien. El niño tenía unos siete años y no sabía nada de tatuajes. OG le borró el éxito a Leo. Lo gracioso es que el Servicio de Manutención Infantil de California visitó la casa e investigó a OG, pero el maldito gobierno no nos alejó de él.

Yo era un niño, así que pensaba como un niño. Quería ser como mi padre. OG bebía los fines de semana, así que aprendí a beber también. Pero hice algo mejor. Bebía alcohol de hombre de verdad, no esa cerveza de Old Gay, Bud Light. Él tenía un solo trabajo; yo tenía tres trabajos a la vez, dos de tiempo completo y uno de tiempo parcial. Lo único que no hice fue instruir a mis hermanos menores en el camino correcto.

Las lecciones de vida me cambiaron. Muchos seres queridos murieron y muchos nacieron. Necesitamos transformarnos para ser mejores. Intentaré ser un excelente ejemplo para las futuras generaciones, algo que no hice con mis hermanos.

Leopoldo Murillo

La Búsqueda Interminable del Conocimiento

Entrada 27

Siempre he dicho que era un buen estudiante, pero después de la secundaria, me he demostrado a mí mismo que estaba equivocado. Siempre he tenido mil excusas para no terminar lo que empiezo, y nunca una buena razón para llevarlo a cabo. Si comparo mi vida con las estaciones del año, estoy en el otoño de mi vida. No es verano, pero tampoco invierno todavía. Tengo una última oportunidad de estudiar. Sería el primer idiota de mi familia en graduarse de la universidad, es muy triste decirlo, pero es cierto.

Mi primera universidad fue Pasadena City College. Al principio me iba bien. Todavía tenía la mentalidad de la escuela secundaria. Tenía una rutina: clase, almuerzo, tarea en la biblioteca y otra clase. Iba a la escuela cinco días a la semana. Me encantaba la carrera que estaba estudiando. Siempre me había considerado arquitecto. Allí, estaba involucrado en MECh.A. Estaba tomando Estudios Chicanos. Después de tres semestres, dejé la escuela porque me cansé de viajar en autobús a la escuela y al trabajo.

La segunda escuela fue el Centro Ocupacional de West Valley. Mi especialidad era Diseño de Moda y estudié allí durante dos semestres. Una de las razones era abrir una tienda con mi madre, que es costurera. Pero la verdadera razón era estar cerca de zorras guapas para follar. Dejé esa carrera porque había demasiados maricas.

La tercera escuela fue Los Ángeles City College. Empecé en esa escuela con Estudios Generales. No decidí estudiar una carrera. Para ese entonces, ya había empezado a beber. No tenía disciplina ni metas que alcanzar. Creo que la razón principal por la que fui allí fue para socializar. Soy sincero porque puedo decir que no tengo recuerdos inquietantes de esa escuela. La mitad del tiempo estaba borracho. Lo único bueno que hice en esa escuela fue Estudios Chicanos, la única clase que disfrutaba estudiar.

Mi último fracaso fue en el Arizona Western College. Tenía una maestría en alcohol, pero me fui a estudiar ingeniería. Fue una tontería pensar que era capaz de aprender ingeniería. Me fue bien en Cálculos; algo en las matemáticas me tranquiliza y me da claridad. Puedo culpar de mi fracaso a la temporada de lechuga de invierno, pero bebía todos los días después de clase.

Como dije, tengo mil excusas para el fracaso, pero todo se reduce a la disciplina. Me di cuenta de mi falsa realidad. Con los vicios que tenía, me volví blando y estúpido. Si alguna vez vuelvo a la escuela, siento que mi objetivo tiene que ser lo suficientemente grande o lo suficientemente fuerte como para tener un buen desempeño en la escuela.

Geovany Jacobo

El Perdón
Entrada 28

El perdón es una emoción muy compleja. Pedimos perdón y, sin embargo, yo no perdono a muchos. Los líderes espirituales dicen que, si perdonas a la gente, vives más feliz. Pensé que mi vida cambiaría si perdonaba a mi padre por abandonar a mi madre. Mierda, no me haría más feliz, me haría suicidarme por ser una pequeña perra. Buscamos el perdón para agrandar nuestro ego o encontrar paz mental.

Por ejemplo, estoy intentando volver a la universidad. En 2011, arruiné mis notas. Me obligo a estudiar ingeniería. Trabajaba a tiempo completo y era alcohólico; no me iba bien. Mi realidad ahora es diferente; veo la vida más sencilla. Tengo que pedir perdón a la escuela en forma de carta. Tengo que explicar cómo me autodestruí y contar las experiencias que cambiaron mi vida para no cometer los mismos errores.

Lo que noté es que tengo que ser sincero cuando pido disculpas. Tiene que salir de mi corazón, de mi alma. Por ejemplo, les pido perdón a mis dos hermanos muertos. Ellos están descansando, no sienten emociones. Yo sí, me mata no escuchar su voz. Tengo a mis otros dos hermanos. Voy a ser un excelente ejemplo para ellos y mis sobrinas. Recuerdo la época en la que los cinco hermanos éramos menores de edad. Ninguno de nosotros tenía preocupaciones. Peleábamos constantemente por estupideces, pero éramos felices, punto.

Lo mismo ocurre con el perdón. Tiene que salir del corazón. Mi padre, por ejemplo, me preguntó cómo podía perdonar a alguien que no conocía. Ese cabrón nos dejó a mi madre y a mí. Digamos que no se llevaba bien con ella; tendría que arreglárselas porque tenía un hijo. Bueno, que le jodan a él y a OG, he llegado a la conclusión de que sigo vivo sin ellos. Le pido perdón a Dios y que me deje vivir lo suficiente para verlos morir. Que les jodan a los dos.

"Me importa una mierda."

Geovany Jacobo

La Vida Después de La Muerte
Entrada 29

Mi hermano y yo hablábamos continuamente de Dios y del más allá. Éramos verdaderos creyentes en Dios, no tanto en la religión en sí, sino en el concepto sobrenatural. Mi hermano y yo crecimos yendo a la escuela católica los domingos para prepararnos para la primera comunión. También íbamos a la escuela cristiana los sábados. De niños, nos enseñaron a temer y respetar a Dios y a nuestros mayores.

Nos hicimos mayores y los vicios nos afectaron. Nos volvimos pecadores a los ojos de Dios y de la iglesia. Nuestra fe se desvaneció un poco con la ciencia y todo eso. Pero todavía romantizamos la muerte. Todavía pensamos que no dejamos de existir después de la muerte. Hay otra dimensión después de este mundo. Por ejemplo, un nativo le dijo a mi hermano que era un ángel celestial. Me reí y terminé mi 40oz. Estábamos frente a Food City. Iba a seguir burlándome del comentario que hizo el colega borracho, pero mi hermano le creyó. Pensó que era un ángel. Entonces, dejé de burlarme de él, no para herir sus emociones, sino para no dejarme vencer por él.

Aunque no sigamos las reglas de la iglesia, destruimos nuestros cuerpos con vicios y creemos que nuestros cuerpos son templos de Dios. Geo pensaba que era un ángel. Sus acciones hablaban más fuerte que las palabras. Por ejemplo, siempre que veía a una persona sin hogar, le daba agua o lo que tuviera, 2 o 3 dólares. Era el sirviente fiel de mi abuela. Era el tío favorito de mi sobrina. Era el primero en ofrecerse voluntario si un colega necesitaba a alguien a quien golpear. Pero su acto desinteresado más crucial fue regresar a la casa de mi madre. Le dije que preferiría morir antes que volver a poner un pie en la casa, literalmente. Verlo decidir regresar y sacrificar su relación, sin importarle un carajo los sentimientos de la chica, me hizo admirarlo más. Verlo hacer tantos actos desinteresados me hizo preguntarme si era un ángel.

Para estudiar la pregunta que surgió, tuve que aprender qué hace a un ángel. Por ejemplo, San Óscar Romero recibió un disparo mientras celebraba una misa. Él era un defensor de las personas de bajos ingresos de El Salvador. El arzobispo Romero es el único santo en El Salvador. Podría decir que fue la persona más franca en El Salvador durante la guerra. Él entregó voluntariamente su vida a Dios por los salvadoreños.

El ministerio de San Francisco de Asís estaba dirigido a las personas que vivían en situación de pobreza y cuidaba de la naturaleza y de los animales. Nació en una familia adinerada, pero luego fue repudiado. Se comprometió a llevar una vida de pobreza. Simboliza el medio ambiente y los animales.

Jesús Malverde es el ángel de los pobres, el narcosanto. Comparado con Robin Hood, este sinaloense robaba a los ricos para dárselo a los pobres. Es un santo popular para los mexicanos, particularmente entre los narcotraficantes.

Geo, santo o no, influyó en la vida de las personas. O lo amabas o lo odiabas. Hizo una diferencia en tu vida. Sigo vivo gracias a él, y eso es un hecho.

Leopoldo Murillo

Purgatorio
Entrada 30

El purgatorio es un estado intermedio para la purificación expiatoria. En términos más simples, es un tiempo de descanso entre el cielo y el infierno. Metafóricamente hablando, he visitado el purgatorio muchas veces. Muchas de las veces, fui a la UCI entre la vida y la muerte. Sin embargo, uno de los momentos más difíciles fue cuando me encerraron en la cárcel del condado de Yuma por no pagar una multa de tráfico. Esos fueron los 40 días más difíciles que he soportado.

La noche antes de ir a juicio, me puse muy nervioso. Compré una caja de 40 onzas de cerveza. Recreé la escena de Goodfellas, en la que Henry Hill se divierte antes de ir a la cárcel. No fue una buena idea porque al día siguiente, en el juzgado, temblé. Lo único que tenía en mente era que iba a beber algo para salir del juzgado y, para mi sorpresa, me dieron 40 días de cárcel.

Fue el peor día de mi vida. Preferiría estar luchando por mi vida en la UCI que ser enviado a la cárcel. Era mi primera vez en la cárcel del condado. No conocía los procedimientos que se hacen en la cárcel. Por ejemplo, tuve que levantar mi escroto para mostrarle al oficial que no tenía contrabando, y no solo eso; tuve que abrir mis nalgas para mostrar mi culo. Con esto, aprendí a no volver a ir a la cárcel nunca más. No me importa si me llaman perra por no tener el coraje de cometer un crimen. Pero por dentro, te tratan más como una perra. Me hizo preguntarme por qué los criminales se convierten en delincuentes múltiples. ¿Por qué?

Terminé en el dormitorio 1. Allí están los reclusos que ayudan con las tareas de la cárcel. Por ejemplo, yo estaba a cargo de la preparación de la cocina. Allí preparaba los sándwiches de mortadela o de mantequilla de maní y mermelada para todos. NO me gustaba el trabajo de cocina porque cada vez que regresábamos al dormitorio, teníamos que levantar nuestros escrotos y abrir las mejillas. Cada maldita vez.

Como soy diabético, me cambiaron de la cocina a recoger los platos de los distintos dormitorios después de que los reclusos terminaran de comer. Bueno, al menos no me estaba exponiendo a los maricas. Estaba equivocado. No solo tuve que levantar mi escroto y mostrar mi culo una vez, tuve que hacerlo tres veces, todos los días. Todo el sistema penal es gay, desde los jueces y los funcionarios penitenciarios hasta los reclusos.

No diré: "Nunca volveré a la cárcel", pero seré el ciudadano más respetuoso de la ley que pueda ser para no volver a estar en esas circunstancias. Si bebo alcohol, iré andando a la licorería. No me meteré en discusiones para evitar peleas. Y, definitivamente, pagaré mis multas a tiempo. A mis amigos: cuídense el culo y duerman boca arriba.

Geovany Jacobo

Cuatro Cervezas del Apocalipsis
Entrada 31

He bebido muchos tipos diferentes de bebidas alcohólicas en mi vida, pero puedo nombrar cuatro de ellas que han influido en mi muerte temprana. Para entender la vida y la muerte, hay que aprender de la Biblia. Cualquier pregunta que tengas en la vida puede ser respondida leyendo sus libros. A medida que fui creciendo, me volví más espiritual. Yo diría que, si fuéramos más conscientes de la muerte, la vida podría ser más accesible.

Mi primera cerveza, Carta Blanca, es mi cerveza blanca. Me conquistó muy rápido. Recuerdo que conducía mi Crown Victoria Police Interceptor blanco. Me volví popular entre mis compañeros de trabajo. Soy introvertido, pero con la infame Carta Blanca, me convertí en la atracción principal de cualquier fiesta. Siempre estaba en modo fiesta y nunca recuerdo haber estado en una mala situación. Podía ahogarme en esa cerveza y siempre estaba consciente. Era una verdadera llama azul en particular. Joven, tonto y lleno de semen.

La cerveza roja, Olde English 800, es la cerveza de guerra, especialmente si la bebes con cigarrillos. Mis favoritos eran el Basic 100 de sabor completo, la caja roja. Solía interrumpir las peleas entre Leo y Geo. Recuerdo una vez que Leo estaba golpeando a Geo en el baño. Con una patada, yo tenía dos piernas en ese momento, y abrí la puerta del baño. La maldita puerta los separó a ambos. Salvé a Geo del puño de Leo. Recordando esa pelea y muchas más, fue mi culpa por llevar alcohol a la casa; no lo sabía entonces.

Botella de Hennessy. Mi bebida negra. Me bebía una botella entera en 30 minutos. Lo sé; cronometré el tiempo para presumir. Tenía la costumbre de que cada vez que me pagaban, me compraba una botella de Hennessy y un montón de pedidos de Jack on the Crack para mis hermanos y para mí. Siempre terminaba desmayándome, con vómito encima. Durante este capítulo, no podía retener la comida en el estómago. Estaba gordo, pero era por culpa de la bebida.

Mi bebida pálida, Muerte, tenía un apellido, y era Cisco, heroína líquida. No respeto muchas cosas y menos aún a las personas. Pero Cisco es la encarnación del mismísimo Diablo. Puedo soportar el alcohol isopropílico, la colonia de hombre e incluso la orina de carnero. Tengo mis peores recuerdos con Cisco. Siempre me despertaba con mierda en los pantalones por culpa de Cisco. Sólo pensarlo me da escalofríos.

Leopoldo Murillo

¡Jaja! Maldita Sea...
Entrada 32

Decidí invitar a Leo a un concierto. Maldita Vecindad iba a presentarse en The House of Blues en Hollywood. Eran mi banda favorita y lo siguen siendo. Invitar a Leo sería único por la banda que veríamos y principalmente porque pasaría tiempo con mi hermano. Recuerdo que Leo tenía el pelo largo en esa época. Era el único momento en el que se dejaba crecer el pelo. Durante el resto de su vida, había preferido ser calvo.

Pasaría por la licorería a comprarme seis cervezas Corona. No podía beber demasiado; iba a conducir por Hollywood; ese tráfico es horrible. Pero no iba a estar sobrio; ¿cómo podría hacerlo? Es un sacrilegio. Y entonces Leo me dice que invitó a Irene. Ja ja, el monstruo de las galletas. No odio a esa zorra, pero se suponía que iba a ser el momento que pasaría con mi hermano. No me enojé; me desquité. Compré un paquete de dieciocho cervezas Tecate rojas en su lugar.

El trayecto hasta la Casa del Blues podría haber sido más tranquilo. Leo no había golpeado al monstruo y yo me concentré en la carretera. Estaba oscuro y yo estaba bebiendo. Más tarde perfeccioné el arte de conducir borracho, un servicio que vale un millón de dólares. Una vez que llegamos, el lugar estaba lleno de vida. Giré a la izquierda desde Sunset hasta Olive. El valet parquin fue la elección correcta. Ya tenía ocho Tecates. En Hollywood, es mejor prevenir que lamentar.

Nos disponíamos a pagar y, ¡Ja, ja!, Irene nos dijo que ella pagaría por nosotros. Con eso, ella se convirtió en la Cookie; no era el Cookie Monster. Entramos y estaba lleno, pequeño y oscuro. Los bares estaban llenos; los malditos amateurs no sabían beber con un presupuesto limitado. La banda que abrió el local subió al escenario. Nadie se movió y la gente siguió socializando como si estuviera sonando una máquina de discos. Me sentí terrible por la banda Ozomatli; tocaron bien. La banda tocó durante un rato. Mi entusiasmo comenzó a desvanecerse.

Con el escenario vacío, todos comenzaron a llenar la pista principal. Apenas había espacio para estar de pie. Mi hermano nos abrazó a Cookie y a mí. Las luces se apagaron y las cortinas se abrieron; Maldita comenzó a tocar "Pachuco". Mis latidos del corazón comenzaron a sincronizarse con los tambores. Agarrando a Leo por los hombros, caminé unos 20 pasos hacia el frente; todos lo hicieron y regresaron.

Fue memorable y, ¡Ja, ja! Leo sacó dos porros. Esa noche se volvió épica. Estaba escuchando a mi banda favorita, en vivo y drogado. Esas dos horas fueron suficientes para mí; fue como vivir una vida entera.

La última canción fue "Kumbala". Habla de estar en un club por la noche. El olor del mar replica nuestra experiencia; se vuelve poético. Fue un éxito. ¡El último Ja ja! me vino a la mente. Los trabajadores del evento estuvieron lanzando cerveza a la multitud para emular la playa. El ambiente era intenso. Todo sincronizaba las luces y el olor con lo que estábamos escuchando.

Terminamos la noche en Tommy's. Cookie conducía; confiaba más en ella que en mí mismo. Estábamos drogados y de buen humor. Lo llamo un día sin incidentes. Porque mi familia estaba destinada a la mala suerte. Supongo que los demonios se tomaron una noche libre, o fueron a otro concierto o se ligaron a otro cabrón en The House of Blues.

Geovany Jacobo

Leopoldo Murillo

Kool-Aid
Entrada 33

Empecé a trabajar en Portion Pac en Chatsworth, California. Mi primer trabajo consistía en sacar pallets de la línea de producción con productos terminados con un transpaleta manual hasta los muelles. El trabajo me mantenía ocupado, pero era manejable. Había muchos trabajadores de mi edad; no tuve dificultad en hacer amigos. Estaba John, el chico blanco guatemalteco. José había nacido en El Salvador y todavía actuaba como si estuviera allí. Vaca, conductor fantástico. Si la franquicia de Rápido y Furioso tuviera un frijolero salvadoreño, sería él. La encantadora Kétchup era sexy y humilde; ella es lo que una reina salvadoreña representa para mí. Estaba enamorado de ella, pero nunca se lo dije, pero ella lo sabía.

John y José estaban casados con sus respectivas esposas y tenían sus propias casas. Cow, Kétchup y yo vivíamos con nuestras familias extendidas. Nosotros, los frijoleros, antes de casarnos, vivimos con TODA la familia; esa es nuestra tradición. Entonces, teníamos reuniones en la casa de John o José. Yo preparaba una fantástica carne asada a la parrilla. Siempre había cerveza, música alta y Kush. Salíamos juntos a conciertos y fiestas; éramos cercanos.

Empezaron a llamarme Kool-Aid. Tenía el mismo carisma que la jarra de Kool-Aid. Cuando estaba borracho, rompía sillas y mesas. No porque me enojara, era porque me emborrachaba demasiado y me desmayaba y caía en la mierda. Como estaba demasiado apegado al alcohol, nunca le confesé mi amor a Kétchup. Ella sabía que la amaba; nos hablábamos con respeto, pero la intuición estaba ahí.

La empresa nos promovió a muchos de nosotros. Querían operadores de máquinas y, en lugar de contratarlos externamente, capacitaron a la mayoría de los empacadores. Yo también aprendí a ser operador. Conseguir un trabajo mejor con un sueldo más alto me daría las agallas para invitar a Kétchup a salir. Pero la maldita Vaca se me adelantó. ¡JODER!

Estaba devastado y curé mi dolor de la única manera que sabía, disfrutando de Southern Comfort. No le demostré mi descontento a nadie. Les deseé lo mejor; sigo siendo su amigo. Me di cuenta de que no perdí a la chica de mis sueños, sino que gané muchos más años con mi verdadero amor. Esta PERRA nunca me dejó; es la primera a la que beso

cuando me despierto y la última antes de dormir.
Ella ha sido fiel durante 25 años; somos polígamos.

"Oh Yeah"

Geovany Jacobo

Yo, Yo Mismo y Bronco
Entrada 34

Conocí a Bronco en Taylor Farms. Era de una familia italiana que emigró a Los Ángeles, CA. Como muchos otros, llegó a Yuma, huyendo de la vida que le ofrecían en Los Ángeles. Encontró un trabajo en Taylor, en el mismo departamento y haciendo lo mismo, la limpieza. Su trabajo era desinfectar la maquinaria que lavaba los productos y ensaladas que la gente consumía en sus casas. Nos hicimos mejores amigos. Teníamos muchas cosas en común. Tuvimos infancias similares; él tuvo un padrastro maricon como yo. Él tenía vicios como yo. El mío era el alcohol. Él fumaba marihuana.

Compartíamos historias de nuestra infancia. Bronco me dijo que cuando era más pequeño alucinaba cosas. Se despertaba gritando y veía al diablo. Asustaba muchísimo a su madre y a su hermano. Ambos pasamos por luchas similares cuando éramos muy jóvenes.

El pasatiempo favorito de Bronco era fumar marihuana. A veces, le conseguía una bolsa de diez centavos. Lo apreciaba tanto que me devolvía el favor y me compraba dos de 40 onzas. Él, como yo, era muy retraído socialmente. En nuestros días libres, yo cocinaba pozole de pollo. Él venía a casa y se quedaba tirado en el sofá todo el día. Con pequeños descansos para ir al baño, para cagar. A mí me parecía bien; yo también estaba borracho.

Se casó con una chica blanca aquí en Yuma. Un día, fuimos a Jack in the Crack. Éramos los tres. Cuando estaban haciendo el pedido, comenzaron a discutir. Yo estaba esperando en la mesa. Una vez que llegaron a la mesa, él le dijo a ella que saliera con él. Pasaron unos 10 minutos, regresó y me dijo que teníamos que irnos. Que buscara mis cosas y fuera rápido. Una vez que salí por la puerta, noté que el estante de periódicos se había desprendido del concreto.

Caminamos hasta la casa. Hablamos seriamente. Le habían diagnosticado esquizofrenia. Me quedé sin palabras; no podía comentar ni darle consejos. Me sentía impotente debido a su enfermedad. Quería ayudar a mi amigo, pero yo era un alcohólico sin remedio. Me contó sobre un largo viaje que había planeado. Iba al norte, a Green Bay, Wisconsin, para recibir tratamiento. Me dijo que cuando decidiera ir, me esperaría con algunos boletos de temporada para ver a los Packers. Me dijo que, en 2026, iban a ganar el Super Bowl. Le creí y, con suerte, volveré a ver a mi amigo. SÉ QUE LO VERÉ DE NUEVO.

Leopoldo Murillo

Orgullo
Entrada 35

"Por orgullo, el diablo se convirtió en el Diablo". Esa es una declaración poderosa y verdadera. He sido culpable de estar orgulloso de mí mismo. Estaba orgulloso de las cosas que compraba. Estaba orgulloso de poder beber más que todos los que conocía. No quería aceptar consejos de los demás; era ingenuo respecto de mis defectos. Yo era malvado.

Estaba orgulloso de mi caballo blanco, el Crown Victoria Police Interceptor. Conquisté el mundo con ese coche. Iba a toda velocidad a cualquier sitio. Le puse un sistema de sonido envolvente muy caro. El 90% del tiempo que conducía estaba bajo los efectos de algo, la mayoría de las veces alcohol. Tenía un radar imaginario porque me daba cuenta de que había un policía cerca de mí. Nunca me multaron por conducir borracho. Conduje borracho como un loco durante 25 años. Puedo decir con orgullo que nunca me multaron por conducir borracho. Fue gracias a que conducía con cuidado.

Bebía mucho y estaba muy orgulloso de ello. Bebía hasta 1,2 litros de cerveza a la cabeza. Bebía botellas de Hennessy en 30 minutos. Todos en la familia decían que yo tenía un problema con el alcohol cuando ellos mismos eran alcohólicos. Yo tenía un problema con la bebida; lo admito. Son alcohólicos homosexuales o prostitutas alcohólicas. Ese era el problema.

Tuve que admitir que tenía un falso sentido de la justicia. Soy competitivo; quiero ser mejor que todos los demás. Tengo una larga historia de hostilidad entre mi familia y yo. Al mirar a mi familia por encima del hombro, me olvidé de mirar hacia arriba, a Dios. Estaba muy orgulloso de mí mismo. El orgullo me dio poder, o eso creía. Cuando era joven, hacía cosas para hacer felices a mis padres. Sacaba buenas notas para ver a mi madre orgullosa de mí. Eso no era un pecado porque estaba haciendo felices a los demás por mí. Pero me volví egoísta cuando comencé a hacer cosas para hacerme feliz. Dejé de ser humilde, que es lo opuesto al orgullo.

Codicia

Entrada 36

"El amor al dinero es la raíz de todos los males". La avaricia es el amor y el deseo inmoderados de riquezas. La atención, el poder y todo lo que alimenta el egoísmo nos controla a nosotros, no al revés. El pecado de la avaricia afecta a ricos y pobres; es el pecado más caro y vendemos nuestras almas por él.

Mi hermano Geo y yo teníamos la costumbre de abandonar Yuma para buscar un futuro mejor. Creíamos que seríamos estables si buscábamos un trabajo fuera de nuestra zona de confort, Yuma. En realidad, era codicia. Necesitábamos dinero para saciar nuestra sed de alcohol.

Vimos cuánto dinero más ganaríamos rápidamente en nuestro viaje a Oregón. Estábamos dispuestos a trabajar turnos de 15 a 17 horas por el dinero que nos prometieron. No nos importaba; él y yo nos emborracharíamos en el trabajo de todos modos. Geo casi pierde la vida en ese viaje. Todo porque queríamos unos dólares extra. De todos modos, las cosas no salieron como lo habíamos planeado. Los costos de nuestro alojamiento, comida y cervezas eran casi iguales al dinero que ganábamos. Al final, vimos el viaje como un viaje de vacaciones.

También nos fuimos a Maricopa. Recogíamos melones para divertirnos en los campos. Es curioso que nuestra codicia no fuera por el dinero en sí, sino por la alegría que nos daría beber. Allí, nuestra diversión duró sólo unos días. Nos despidieron inmediatamente.

Dejé la escuela para convertirme en camionero. Estaba abandonando mi educación para ayudar a mi madre. Tenía que pagar una hipoteca muy alta. Era su salario y el salario del maricón al que llamaba padrastro; juntos, apenas pagaban las facturas. Esa era mi excusa, pero era avaricia. Quería dinero. Estaba cansado de ser pobre, de no tener nada propio. Así que decidí convertirme en conductor comercial. Viajé por los Estados Unidos continentales. Firmé mi nombre con pis en la nieve de las Montañas Rocosas, vi los rascacielos de la ciudad de Nueva York, subí a la Space Needle en Seattle y todo lo demás.

La avaricia me inspiró a hacer mejores cosas. Tenía un hambre insaciable de cosas. Empeoró cuando me volví adicto y alcohólico. Mi mente nunca estaba en paz. Mammon me tenía agarrado de las pelotas. No me importaba la humillación que todos me daban.

Leopoldo Murillo

Siempre estaba buscando el próximo dólar, para sentir la siguiente oleada en mi cabeza.

Perdí el rumbo y pagué muy caro en la vida. Debo ser generoso con quienes me aman. Gracias a mi madre, todavía estoy vivo. Tengo que estar agradecido por eso y por ella.

Geovany Jacobo

Ira (Parte 1)
Entrada 37

"Un odio o resentimiento fuerte con deseos de venganza". Mi pecado favorito. Para explicarlo, necesitaba tres partes para contar la historia. Empecé a beber porque me gustaba; no hay excusa ni razón; me encantaba. Pero el combustible de mi adicción es el odio que siento hacia mis figuras paternas. Simplemente los hombres de mi familia son unos pedazos de mierda, excepto mi hermano.

El primer hombre en mi vida fue mi padre. Mi madre se quedó embarazada cuando tenía 17 años. Él tenía 25, de entrada, un maldito pedófilo. Cuando nací, me dijo, me abrazaba cada vez que llegaba a casa. Decía que yo era su primogénito, pero su familia le dijo que había tenido al menos cinco hijos antes que yo. Supongo que lo que quería decir es que yo fui el primero en ser reconocido.

Mi madre se fue a vivir con él a la casa de sus padres. Santos Rivera, mi abuelo. El único hombre que me quiso de verdad. Mi madre me dijo que él entraba todas las mañanas a la habitación de mis padres a abrazarme. Todos los putos días. Lástima que no lleve su apellido. No se lo dio a su hijo, tal vez porque no le gustaba, sólo estoy especulando. Yo tengo el apellido de mi abuela.

Martínez, la perra estúpida quería matarme. Cuando mi madre regresó al trabajo, mi abuela me cuidó. Me dio una botella de leche que se había echado a perder. A propósito, me dio la botella equivocada. Yo era demasiado joven para reunir pruebas. Pero lo hizo intencionalmente. Mi madre, siendo novata, me llevó con un brujo. El brujo le dijo a mi madre que me llevara al Hospital de allí. Ni siquiera le cobró la consulta. Ella me dice que el taxista le dio instrucciones de llevarme al Hospital de los ricos. Si me llevaba al Hospital Rosales (Hospital General), iba a morir. Entonces, me llevó a donde llevan a los ricos; ¡he sido de la realeza desde hace mucho tiempo! Y les presento mi primer encuentro con la muerte; fue mi primera vez en la sala de emergencias. Mi primera vez en la UCI. Mi padre trabajaba para Pepsi Cola; era camionero. Tuvo que vender su alijo de botellas vacías para pagar el Hospital.

Yo viví, de lo contrario no sabrías esta historia. Antes de mi primer cumpleaños, mi padre dejó a mi madre por otra mujer. Se atrevió a dejar a su supuesto primogénito. Para colmo, nos dejó en casa de sus padres. No se puede ser más cabrón.

Este acto cambia todo mi futuro para peor. Ese simple acto de cobardía me llevó al infierno. Ahora estoy caminando por el camino divino. Pero al no perdonar a este cabrón, iré al infierno; con gusto cumpliré mi condena en la caja caliente.

Amén

Ira (Parte 2)

Entrada 38

"No hay mal que dure cien años, ni cuerpo que lo resista." El otro padre siniestro que tengo es mi abuelo. Ni siquiera quiero escribir sobre él, pero debo dejar atrás el pasado. Ese cabrón es un pedófilo. Tiene una larga historia de ser el enfermo y nunca fue castigado. Va directo al infierno, ni lo piense.

Después de que mi padre nos dejó, mi madre emigró a los Estados Unidos. Eran los años 80. Había una guerra en El Salvador. La verdadera razón por la que mi madre se fue del país fue porque estaba desconsolada. Quería un futuro mejor para ella y para mí. Ya era costurera, así que encontrar trabajo aquí sería fácil. Su destino era Los Ángeles. Su único sacrificio fue dejarme allí. Mis abuelos cuidarían de mi bienestar, o eso creía ella.

Tengo que ser sincero, no recuerdo que mi abuelo me abusara sexualmente. Él y yo dormíamos en la misma habitación, en camas diferentes. Es curioso que yo me orinaba en mi cama; esa es la razón, creo, por la que no dormía en su cama. Era mi propulsor natural para los pedófilos. Mi abuela dormía en otra habitación; no sé por qué. Sí recuerdo que un vecino abusaba de mí; es todo lo que voy a decir al respecto. No puedo explicar las razones por las que pasan las cosas; pasan. Aprendí a mantener la calma y seguir adelante. Analizando mi pasado, culpo a mi padre de todas las desgracias; él es la raíz de todos los males.

Mi infancia, en el mejor sentido, fue buena. Fue una infancia segura, aunque estábamos atravesando una guerra civil. Recuerdo haber visto cadáveres tirados en las calles. No era algo extraño de ver en una zona de guerra. Así que mi abuso sexual no parece importante en comparación con las otras cosas que estaban sucediendo a mi alrededor. Por suerte, tenía cinco años, demasiado joven para unirme al ejército o a la guerrilla. Si me hubieran reclutado, habría matado a mi padre, a mi abuelo y al estúpido hijo de puta que me jodió. Nunca me convertí en un dios de la guerra.

Leopoldo Murillo

Ira (Parte 3)

Entrada 39

"El padrastro es un PADRE HOMBRE que no tiene relación biológica con el padre preexistente de uno," El Mexicano Maricon. Nos dio guerra mental. Un psicópata gay. Tengo menos simpatía por este cabrón porque lastimó física y mentalmente a los cinco hermanos; no fui solo yo esta vez. No lo sé, pero abrí mi primera cerveza solo para que él me VIERA BEBER UNA FRÍA, y no pudo hacer nada al respecto, yo tenía 21 años. Lamento profundamente haberle pedido permiso para llamarlo padre. Necesitaba uno por mi pasado.

Él era el peor con Leo. Leo, siendo rebelde, encendió la ira dentro de mi padrastro, y al no ser de su carne y sangre solo agregó más leña al fuego. Es como agregar todo el líquido para encendedores a las brasas de una barbacoa que está en llamas. Leo era un ángel porque la situación se puso muy mal para él; Leo tuvo la oportunidad de joder a mi padrastro. Pero en lugar de eso, pincho los neumáticos. Leo tuvo el poder de contenerse para no matar a su padrastro.

Después de haber sido una perra con mi hermano, mi madre sintió su ira. Lo único sagrado entre ellos son mis hermanos. Pero vino con una tortura psicológica que no te puedes imaginar. Fui testigo de su crisis nerviosa; también tuvo un derrame cerebral. Tuvo que lidiar con muchas cosas con él. Me pregunté por qué. Ella quería una familia. Su orgullo era y sigue siendo su familia; ahora, sus hijos y nietas son su orgullo, y nos ama.

A veces me pregunto por qué era tan idiota con su familia. ¿Cómo se convirtió en un psicópata? Al analizar su pasado, me di cuenta de que su madre era igual. Descanse en paz mi abuelastra, ¡pero era una PUTA! Honestamente, no le gustaba mi madre porque tenía dos hijos ilegítimos de diferentes padres. Descanse en paz, pero no quería a nadie, punto. Mi abuelo adoptivo era un santo. Ahora está en el cielo. No estoy seguro de ella, para ser honesto.

Esta historia trata de los hombres que moldearon mi presente y encontraron las verdaderas razones de mis adicciones y mi alcoholismo. Ahí están. No puedo justificar ni explicar nada más lógico que eso. Estoy bastante seguro de que irán al infierno. No han hecho NADA bien en su vida.

Tengo un dato curioso. Un día, en mis días de borrachera, le dije en broma a Geo que sabía el día de mi muerte. Le dije que iba a morir después de que sucedieran tres cosas. Una, Argentina iba a ganar la Copa del Mundo. Lo han hecho. Dos, Green Bay iba a ganar otro Super Bowl. Y, mi padrastro, el mexicano-maricon. Tenía que morir primero antes de que lo hiciera. Tuve un ataque al corazón, una pierna amputada, mi apéndice estalló dentro de mí, intoxicación alimentaria y fiebre con diarrea la semana pasada. Y todavía no estoy muerto. No le deseo una muerte temprana; estoy bromeando, lo hago. Quiero ver morir a los tres, pero eso no está en las profecías.

Geovany Jacobo

Envidiar

Entrada 40

"Un sentimiento de anhelo descontento o resentimiento provocado por las posesiones, cualidades o suerte de otra persona". Se explica por sí solo: odias en lo que te has convertido. Yo no sufro de este pecado. Al contrario, me alegro de que a todo el mundo le vaya bien. Cuando la gente compra algo para sí misma o para otra persona, me alegro por ellos. No juzgo a las personas por sus posesiones terrenales; necesitan un buen corazón. Me alegro tanto, ya sea bajo un techo o en la calle. Pero conozco a alguien muy envidioso, y puedo demostrarlo, mi amado padrastro.

Cuando era joven, recuerdo que mi padrastro nos decía a los niños que nunca llegaríamos a nada. Siempre se mostraba más ilustre con su puntuación crediticia que con los logros de sus hijos; nos lo recordaba constantemente. Lamentablemente, crecimos y, como adolescentes, nos dimos cuenta de que mi padrastro era un chiste, un mediocre. Tuvo una existencia triste y la única forma de elevar su autoestima era fingir que era necesario. Los únicos que se creían sus tonterías eran sus hijos.

Por ejemplo, cuando cumplí 21 años, obtuve mi licencia de conducir comercial (CDL). Viajé por todo Estados Unidos y estaba feliz de lograr mis objetivos. Mi padrastro asistió a la escuela de conducción de camiones. A primera vista, la gente veía que lo inspiraba a ser mejor, pero recuerdo todos los recordatorios constantes de que no seríamos ni haríamos más que él. Tenía envidia de mí. Para terminar con mi argumento, no sabía conducir con cambios manuales. La camioneta se apagaba cuando cambiaba de marcha. Obtuvo su CDL conduciendo una F150 con enganche para remolque. Qué maldita desgracia. (De repente, me siento mejor).

Otro ejemplo sería el de mi hermano Eric, que cambió su vida para bien. Tiene dos hijas y está felizmente casado. Dejó de golpe sus vicios. Eric consiguió un buen trabajo y compró una casa; hizo posible su sueño americano. Pero ¿lo ha visitado su padre a él o a sus nietas? NO. No, porque el hombre es un cabrón.

Mi padrastro va al sur de California, pero no visita a mi hermano menor, Jesse. Me pregunto por qué. Porque ese hombre es un cabrón elevado a la segunda potencia. No creo que haya una persona más envidiosa que él. Lo siento por él. Fue mi primer modelo a seguir, el hombre al que le pedí que llamara mi padre. Yo lo cuidaría a su avanzada edad, pero su envidia es tan grande que se ofrecería a cuidarme para poder sentirse mejor.

Leopoldo Murillo

Glotonería

Entrada 41

"Comer o beber en exceso y de forma continua". Es el pecado del que más he abusado y que tal vez podría acabar con mi vida. De niño me volví un comedor compulsivo. Intentaba ser como mi padrastro. Tal vez fue porque me daba consuelo durante mi caótica infancia. Cuando crecí, la gula se convirtió en un pecado mayor. Me introduje en la bebida. Me adormeció ante mis inseguridades, responsabilidades y vida. Ahora puedo decir que me he liberado del pecado; espero que no sea demasiado tarde, a diferencia de alguien que me dijo que era demasiado tarde para lograr algo, mi padrastro.

Como todos los niños pequeños, yo quería ser como mi padre. Vi a mi padrastro comer como un cerdo, y yo también comía como un cerdo. Me sentaba a su lado en la mesa del comedor para acompañar cada tortilla que comía y también pedía una segunda ración. Nunca tuve control de las porciones porque no lo veíamos como un problema. Comer comidas bien cocinadas era saludable, pero las porciones eran demasiado grandes para un niño de mi edad.

En la secundaria y preparatoria, siempre comía a medianoche para terminar mis tareas. Mi madre cosía hasta la 1:00 a. m. y yo estudiaba y comía frijoles con mayonesa y tortillas. Atribuyo mi promedio a que comía bocadillos a medianoche. Era menos popular entre las chicas. Era un nerd. Mis pasatiempos eran jugar balonmano, matemáticas y el club de ajedrez con un bolillo de frijoles y queso.

Cuando cumplí 21 años comencé a beber alcohol. No para ser como mi padre, sino para exasperarlo; al beber más que él, me sentía más como el hombre que era; estaba equivocado. No sabía que beber abría un nuevo mundo en las artes culinarias. Bajo los efectos del alcohol aprendí a cocinar delicioso, además de que tenía un ejército que alimentar; mis hermanos y yo cocinábamos y seguíamos cocinando. No me faltaba motivación. Aprendí a hornear, a hacer pozole, tacos, menudo, mi famosa carne asada y otras comidas deliciosas. Comía y bebía como si no hubiera un mañana. Un día la mierda golpeó el ventilador y debí haber parado.

Surgieron complicaciones médicas porque llevaba una vida pecaminosa. Recuerdo que muchos días me despertaba con un problema de salud, vómito en la camisa y mierda en los pantalones. Me extirparon el apéndice, tuve diabetes, colesterol, presión arterial alta, una amputación, mis testículos crecieron exponencialmente, un ataque cardíaco y un agrandamiento del pene.

Ahora, dejé mi pecado de gula. Dejé de beber después de 25 años. Mis niveles de azúcar están bajo control sin insulina. Incluso estoy perdiendo peso. Estoy motivado para ser mejor cada día. Pero tengo razones egoístas. Soy un ser humano, después de todo, ¿no? Todos van a sentir mi ira.

Geovany Jacobo

Lujuria

Entrada 42

Mi pecado en la lujuria no es espectacular. Mi pecado de elección es la gula, pero hoy me criticaré a mí mismo en la lujuria. De niño, era un solitario, un sabelotodo. En casa, crecí con una familia extensa. Estaba lleno de amor y odio, abrumado por las emociones de mis padres, hermanos, tíos, tías, abuelos e incluso perros y gallinas. En general, mi infancia estuvo bien.

Mi recuerdo más significativo de la escuela es estar en clase. En la clase de matemáticas, aprendí cómo los mayas inventaron el concepto del cero. Esa información se me quedó grabada, así que traté de ser el mejor en matemáticas. Llegué a AP Cálculo en el grado 12. Me sumerjo en los libros. Entendía la lógica; estaba aprendiendo de los libros. Nunca entendí la estupidez de una mujer. Mi lujuria consistía en ahorcar al pollo. Estaba demasiado ocupado con la escuela y el trabajo como para tener tiempo para una novia. No era mi prioridad.

De adulto, me dediqué al trabajo y a mis vicios. Era un campista feliz yendo a trabajar y bebiendo cerveza. Esa era mi rutina todos los días sin fallar. Mi consumo de alcohol era tan prominente que otras cosas quedaron atrás. No me sentía solo. Para ese entonces, estaba firmemente en la pornografía. Estaba ahogando al ganso; se convirtió en una técnica útil en la silla de ruedas. De vez en cuando, disfrutaba ahogando al pavo, pero nunca tuve una novia seria.

A veces me pregunto si me perdí gran parte de mi vida por beber y abusar de las drogas. Creo que la historia se repite. Tal vez los vicios me salvaron de mi futuro. No me disculpo por las cosas que he hecho. Pero mi padre me abandonó, a su padre no le gustaba. Me pregunto si habría reconocido a mi descendencia. Tal vez tengo un hijo bastardo en alguna parte.

Ranura

Entrada 43

"La pereza es una tristeza que surge del corazón, que surge del conocimiento de que lo bueno es difícil". Esa es la forma elegante de decir que uno es un holgazán. Cuando empecé a mostrar rasgos de pereza, empecé a beber. Mi hermano Leo, que en paz descanse, era un gran holgazán. Nosotros no crecimos así. Fueron nuestras adicciones las que nos hicieron así. Es un pecado de todo adicto y también de todo alcohólico.

En mi adolescencia, cuando mi madre tenía que trabajar en casa, me consideraba un hijo excepcional. Llevaba la ropa a la lavandería en un carrito de la compra y, para colmo, llevaba a Leo conmigo. Cocinaba para toda la familia y, después de comer, lavaba los platos. Lo único bueno que me enseñó mi padrastro fue la disciplina y el comportamiento femenino. También era muy disciplinado en mis estudios. Terminaba mis deberes a diario, no importaba si dormía o no. No éramos unos niños perezosos, los cinco hermanos. Nos ocupamos de nuestras tareas en la casa.

Mi suerte cambió desde aquel día que bebí por primera vez. Creo que me dañé el cerebro al golpearme la cabeza contra la acera; empecé a ser perezoso, aunque seguía trabajando, pero no con el mismo vigor que cuando era más joven. Mi madre cocinaba para mí y lavaba mi ropa. Le daba todos mis cheques; solo me quedaba con el dinero suficiente para pagar mis cervezas y puros. Me volví perezoso, hasta el punto de mezclar oxicodona con Hurricane después de mi amputación. Me despertaba por la mañana, me colocaba y al instante me volvía a dormir. Para hacer la misma mierda por la tarde y otra vez por la noche.

La pereza también afectó a Leo, y la marihuana hizo que mi hermano fuera vago. Yo diría que necesitaba estar drogado. Leo era una persona enojada. Estaba en su ADN, y tuvo una infancia terrible viviendo con su padrastro. La marihuana lo llevó a un lugar tranquilo; su calma terminó con él tirado en el sofá todo el día. Se levantaba para comer, cagar, comer y cagar de nuevo y para golpear a Geo y Eric. No quería trabajar. Yo culpo a la adicción; se convirtió en una víctima de la pereza. Era más una pereza espiritual que física. Más tarde leí: "El camino al infierno está pavimentado con buenas intenciones". Significa que la intención de hacer cosas y no hacerlas de todos modos está presente. En conclusión, con nuestra adicción a las drogas o al alcohol, estamos atrapados en el infierno. A veces, no es fácil salir, pero es el cielo cuando lo haces.

Leopoldo Murillo

Ancestros.sv
Entrada 44

No necesito un sitio web ni muestras de sangre o de heces para saber de dónde vengo. Tengo una señora de 90 años que me deja saber quién soy. Tenemos nuestras charlas matutinas casi todos los días con mi adorada abuela, también conocida como Mama Tita. Hablamos de su infancia, su matrimonio, sus hijos, su familia y sus aventuras. Tiene mucho que decir después de 90 años. Es la matriarca de la familia y la han olvidado. Todas las perras de la familia deberían darse cuenta de que no existirían sin ella. Pero me dijo que no me preocupara y me dio una lección que nunca olvidaré.

Nació de la tribu mexica náhuatl y, más específicamente, pipil. Su familia era pobre. La entregaron a su tía, a quien ella consideraba su madre. Tuvo que aprender a hacer las labores de la casa y cocinar. Su tía era la esposa del supervisor, la persona encargada del campo indígena. Él supervisaba que todo saliera bien en los campos. Las tareas de mi abuela eran dar de comer a los trabajadores, frijoles y dos tortillas grandes, llamadas chengas, una especie de pan frito.

Su tía murió. Ella regresó con su madre. Allí trabajó en los campos de café durante su adolescencia. Sobrevivió el incendio de la casa de sus padres. Tuvieron que viajar a la capital para quedarse con la familia. Allí se hicieron panaderos y todos aprendieron a hacer pan. Fue entonces cuando ella se volvió alcohólica, su padre bebía, sus hermanos y su hermana también. Soy un fiel creyente de que "la historia se repite". No creo que el alcoholismo sea un problema de ADN; es un problema de tener malos hábitos.

Conoció a mi abuelo y tuvo cinco hijos, uno de los cuales es mi maravillosa madre. Mis abuelos cuidaron de mí durante cinco años. Cuando mi madre vino a los Estados Unidos, mi abuela cuidó de mí. Por eso la llamamos Mamá Tita; apreciamos el amor de Mamá Tita.

Cuando viajé para encontrarme con mi madre, mi abuela viajó conmigo. Los dos nos subimos a un avión y aterrizamos en la tierra de las oportunidades, Los Ángeles. Para mi abuela, fue una experiencia nueva; la recibió con agrado. Mis abuelos se separaron, él se quedó allí y ella vino conmigo a Los Ángeles. Se quedó soltera, así que conoció a un hombre que la amaba. Con el tiempo, él regresó a su país y ella se quedó sola de nuevo. Ha sido una gran bebedora la mayor parte de su vida. Comenzó cuando era joven. Empeoró con el hombre con el que vivía.

Cuando su hijo hacía fiestas, ella bebía sin parar; era una bebedora compulsiva. Una vez, Mamá Tita y yo vivíamos en un apartamento de dos habitaciones. Yo tenía que ir a trabajar; mi turno terminaba a las 2:00 AM. Entonces, fui a la tienda antes de ir a trabajar. Me compré una caja de Olde English 800 para beber después del trabajo. No le di ni una a Mamá Tita. No quería que siguiera bebiendo porque no iba a tener a nadie que fuera a la tienda por ella. Entonces, me sentí seguro de esconder 12 botellas de 40oz debajo de mi cama. Después de trabajar un turno de 10 horas. Regresé a casa listo para beber, pero para mi sorpresa, no encontré ni una sola botella. No vi botellas, punto. Ella se bebió todas las caguamas en 10 horas. No me enojé por las cervezas; es un récord que no podría superar. Estaba asombrado; estaba orgulloso de llevar su sangre. Aprendí dos cosas esa noche. No dejar cerveza cerca de alcohólicos porque pasan cosas malas. Y cuando vea que alguien tiene una cerveza desatendida, que le jodan, bébetela.

Ahora que Mamá Tita y yo estamos sobrios, me di cuenta de lo jodido que está la gente con nosotros, los alcohólicos. Hasta ahora, me di cuenta del desprecio que nos dio la familia al no venir al funeral de mi hermano. Ni siquiera para ver el cadáver de mi hermano, a él le importaba un carajo, estaba muerto. Pero ninguno de los Acosta estuvo aquí para consolar la pena de mi madre. Mamá Tita me dijo que quiere vivir mucho tiempo, ¡más de 90! Yo tengo uno mejor que el de ella. Me cuidaré para sobrevivir a mis tías, tíos y primos. Para presenciar su dolor y reírme de ellos. Supongamos que mi deseo no se cumple. Ya tengo un testamento escrito. Me voy a incinerar sin servicio fúnebre. No creo que importe; de todos modos, no vendrían a mi funeral, pero gracias por la idea, Mamá Tita.

A LA MIERDA CON ELLOS

Leopoldo Murillo

Matriarca

Entrada 45

"Madre es el nombre de Dios en los labios y corazones de los niños pequeños". Doy gracias a Dios por mi existencia. También doy gracias a mi madre y a Geo por mantenerme con vida. Mi madre tuvo una infancia difícil, una vida amorosa imperfecta y unos hijos rebeldes. Trató de llegar a fin de mes por amor a sus hijos. Siempre estuvo allí, pero nosotros éramos demasiado para ella. A pesar de las turbulencias, mantuvo la compostura y la cordura.

Mi madre iba a una guardería en San Salvador. Decía que le gustaba ir a la guardería financiada por el gobierno todos los días; era un lugar agradable. Los niños jugaban, comían y dormían la siesta por la tarde. Cuando creció, ya no pudo ir a la guardería.

Mi madre se fue a vivir con su tía Natti, donde tenía una disciplina muy estricta. Su tía era dueña de un restaurante. Cocinaba comida tradicional salvadoreña, tamales, pupusas, yuca con chicharrón y muchos otros platos. Las tareas de mi madre eran ir al molino a hacer harina de maíz, ayudar a servir a los clientes y lavar las ollas y sartenes todos los días. Con el tiempo se convirtió en cocinera. Me cuenta que su tía Natti gobernaba con mano de hierro. Su tía le daba de comer las sobras y le daban caldo de pollo, pero no pollo. Fue duro para ella, pero era feliz.

Ella regresó a casa y de inmediato comenzó a trabajar como costurera en una fábrica en San Salvador. Trabajaba durante el día. Durante las noches, iba a la escuela. Todo en su vida era genial hasta que conoció a mi padre. Ella tenía 17 años, él 23. Me concibieron; él la dejó antes de que cumpliera un año. El padre de Leo no quería un hijo. Se fue cuando lo sentía moverse en el vientre de mi madre. Jacobo apreciaba a mi madre. Duraron 28 años juntos. Realmente amaba a mi madre. No podía aceptar que ella tuviera dos hijos, pero era la presión que tenía de su madre y sus hermanas. Nunca les gustó mi madre. Incluso le dijeron a Jacobo que los tres niños no eran suyos. Finalmente, se divorciaron, y las tres relaciones fallidas crearon La Conexión Gayside: el Mujeriego, el Asesino y el Psicópata.

Sin pensarlo dos veces, mi madre hizo todo lo que pudo por sus hijos. Nos tenía y nos sigue teniendo un amor incondicional. Pensó en nuestros intereses antes que en los de nadie más. Sigue cuidándonos;

sería un hijo desagradecido si pensara lo contrario. Escuché a alguien decir: "Una madre es el primer amor verdadero de un hijo. Un hijo es el último amor verdadero de una madre, especialmente el del primer hijo". Quiero mejorar y tener éxito, y le debo a ella mi paz mental.

Geovany Jacobo

Éxodo
Entrada 46

Mis hermanos y yo hemos luchado con nuestros vicios durante la mayor parte de nuestras vidas. La mayoría de las conversaciones que tuve con Geo cuando estábamos borrachos fueron sobre si algún día lográsemos la sobriedad. Eso fue cuando estábamos en una borrachera de huracanes. Ya sea que la conversación fuera sobre el alcohol o no, la conversación era seria. Comenzamos a analizar las circunstancias por las que comenzamos a beber y la dependencia que teníamos de nuestros vicios. Sabíamos que, si no parábamos, seríamos felices de vivir y sobre las cosas que sacrificaríamos.

Empecé a beber y me convertí en el modelo a seguir de mis hermanos. Ya lo he dicho: he culpado a todo el mundo y a todo por mi adicción. Pero, sinceramente, me volví dependiente del alcohol; lo disfrutaba un poco demasiado. Me volví esclavo de la sustancia, y los medios de comunicación fueron una influencia significativa. Crecí en los años 90 en Los Ángeles; fue interesante, no peculiar. La muerte de Tupac y Notorious Big, la Guerra del Golfo, Bill Clinton recibiendo una mamada, la liberación de

Nelson Mandela y muchos otros eventos importantes. Mi entorno nos jodió. Los cinco nos convertimos en esclavos de las adicciones, como el alcohol, la marihuana, las pastillas, la cocaína, la metanfetamina, el tabaco, la pornografía, los cigarrillos, las prostitutas y los Jumbo Jack. Se convirtieron en plagas; en lugar de consumirlas, consumieron nuestras vidas.

Mi madre vendió la casa; no podía permitirse vivir en Los Ángeles y escapó al desierto. Iba a matar dos pájaros de un tiro. Encontraría una vida más barata y mejores condiciones de vida para sus hijos, una ciudad más tranquila. Dos mujeres y dos niños se mudaron a Yuma. Mi madre y mi padrastro compraron una casa. Jesse y Geo comenzaron la escuela; tuvieron que adaptarse al calor. El resto de nosotros llegamos más tarde por diferentes razones. Pero algo está claro: estábamos huyendo de nuestras vidas en busca de mejores oportunidades, o eso creíamos.

Para nosotros fue peor. Dejamos la tiranía de nuestras adicciones que teníamos en Los Ángeles al caos del desierto. Al mudarnos, pensamos que nuestra suerte iba a cambiar. Aterrorizábamos con más libertad en el desierto que en Los Ángeles. Seguíamos siendo sirvientes de las sustancias. Recordábamos haber estado allí. Pensamos que había cometido un terrible error al cruzar el río.

Descubrimos que aquí teníamos mayor libre albedrío. Especialmente después de que mis padres se divorciaran, él culpó del divorcio a los hijos mayores, los que NO eran de su sangre. Para la mayoría de mis hermanos, el control de nuestros padres sobre nosotros se había desvanecido. Estando aquí en Yuma, nuestras adicciones empeoraron hasta el punto de que todos los hermanos fueron al hospital varias veces. Dios nos estaba castigando; estábamos desobedeciendo sus mandamientos. Excepto el número seis, ese que reservo para mi padrastro. No dejamos de hacer los vicios.

Dios nos siguió castigando. Leo y Geo fallecieron. Fue muy doloroso para nosotros, especialmente para mi madre. Mis hermanos, Eric y Jesse, dejaron de beber. Están mejorando. Eric tiene dos hermosas hijas y, con suerte, vendrán más; mantiene una hermosa casa y un trabajo estable. Jesse tiene muchos proyectos en el trabajo y gana un dinero decente.

Tengo fe en mi Señor que el futuro será mejor. Supuestamente la historia se repite, y así es. Las únicas personas que van a llegar a la tierra prometida van a ser mis sobrinas. Vamos a seguir vagando por el desierto. Mis sobrinas terminarán en la tierra de la leche y la miel.

Leopoldo Murillo

Geovany Jacobo

Perdiendo Mi Fe

Entrada 47

Fui criado como judeocristiano y asistí a la escuela protestante de los sábados y a la escuela católica de los domingos. Crecí amando y temiendo a Dios. Me enseñaron bien; fui un hijo obediente y un buen estudiante. Fui tan buen estudiante que comencé a cuestionar lo que estaba aprendiendo en la iglesia porque contradecía lo que decían en la escuela. Una vez que comencé a beber, me volví ateo. Fue entonces cuando me di cuenta de que una vida sin el poder divino de Dios no tiene sentido.

Crecimos con una madre amorosa y un padre estricto. Una madre trabajadora y un padre psicópata, desde una edad temprana, aprendemos a distinguir entre el bien y el mal. Mi madre es buena; mi padrastro es malvado. Como Leo y yo no éramos de su sangre, se nos permitía ir a la iglesia cristiana. Los domingos, íbamos a la iglesia católica. Con su amor y disciplina, crecimos creyendo que teníamos la guía adecuada. Nuestros padres nos convencieron de que nos sucederían cosas buenas si hacíamos las cosas bien. Si hacíamos cosas malas, el dolor nos seguiría. En otras palabras, mi padrastro nos patearía el trasero. Tenía recuerdos tristes de Leo sentado con mi padrastro en la iglesia, y si Leo no se portaba bien, iba a tener un infierno con mi padrastro. A pesar de que crecí en el infierno con mi padrastro, éramos iluminados y felices.

Durante la secundaria y la universidad, estuve en mi época de iluminación. Tomé las mejores clases que pude: física, geometría, trigonometría, historia, escritura creativa, cálculo avanzado y economía doméstica, es broma. En PCC, mi especialidad era arquitectura. Tomé filosofía como una de mis materias optativas. Me abrió la mente a cómo funciona el universo, y fue entonces cuando pensé en la creación. La evolución tenía más sentido para mí. Venimos de los simios en lugar de creer que Dios nos creó a su imagen. Fue una época muy confusa en mi vida.

Empecé a pensar en mí mismo como un ateo. Había perdido el miedo a Dios. No me importaba una mierda. Empecé a beber con la idea de que no iba a sufrir consecuencias. Como resultado, mi mente comenzó a tener malos pensamientos, y con ellos llegó el dolor. Las resacas eran terribles; me golpeaban en la calle y en casa. Vivía en un estado de animalidad, y arrastraba a mis hermanos conmigo. Pensé que tenía el control de mi destino; yo era quien quería ser. Como resultado, mis dos hermanos, Leo y Geo, están muertos. Tuve un ataque al corazón, pero no fue tan doloroso cómo perder a mis hermanos. Habría preferido que los médicos no me hubieran reanimado, para ser honesto.

Ahora ya no bebo más. Estoy desarrollando mis pensamientos y mi carácter. Estoy tratando de tener pensamientos puros para mi bienestar y el bienestar de las personas que me rodean. Comencé a aspirar a lograr grandes cosas, no por ganancias económicas sino para dar ejemplo a la familia. Dejé de ser un abogado del diablo.

Leopoldo Murillo

Sacrificio = Éxito
Entrada 48

"Pedid, y se os dará; buscad, y hallaréis; llamad, y se os abrirá." Mateo 7:7

Ha sido una búsqueda interminable del éxito. Ni una sola vez puedo decir que he logrado mis metas. He tenido éxito en volverme mediocre. Siempre dejo objetivos a medias. El problema es que nunca me he sacrificado para lograr mis sueños. Así que mis planes se quedaron en sueños y nunca se hicieron realidad. Mis vicios han jugado un papel importante en lo que me he convertido. Perder la fe me ha mantenido en la oscuridad. La vida ha pasado en un abrir y cerrar de ojos. No la vi pasar.

Las decisiones que tomé en la universidad fueron un montón de fracasos. Empecé mi carrera como arquitecto, ingeniero y vendedor de bienes raíces. Fueron fracasos porque no tenía tiempo para hacer el trabajo. Soy inteligente, no estúpido. No tenía la disciplina para abrir los libros. Estaba en modo fiesta todo el tiempo. Para cuando me di cuenta de que la había cagado, había fracasado en mi carrera. Debí estar borracho para no sentir ningún arrepentimiento. Pude obtener mi licencia de conducir comercial sin esfuerzo. Mi padre la obtuvo antes que yo y su padre antes que él. Está en mi sangre ser camionero; está grabado en mis genes. Y luego tuve diabetes, eso la jodió. Eso también está grabado en mis genes. Para colmo, me amputaron. Fue Satanás gastándome una broma de mal gusto, qué estúpido.

Otra cosa en la que tengo que trabajar es en mi capacidad de caminar. Me pusieron una prótesis. Me costó unos 40.000 dólares y vale más que mi vida. Necesito asistir a rehabilitación física. He intentado pedir cita, pero no he encontrado ninguna disponible. Todavía no he insistido en que me pongan barras paralelas en casa, el diablo de la mediocracia no me ha dejado volver a caminar.

No he prestado atención a la alarmante gravedad de mis fracasos. Compararía ser un alcohólico con ser un zombi. Cómo caminan, cómo hablan, hasta el olor a mierda que desprenden. Pero hablando en serio, es difícil llegar al fondo, lo suficiente como para entender hasta qué punto estás hundido en la mierda. Eres ignorante sobre en quién te convertirás hasta que tocas fondo. El mío fue presenciar el último suspiro de Geo.

Todavía creo que no soy un fracaso total. Estoy llegando a los 50 y ahora "me importa un carajo".

Voy a ir a la universidad una última vez. Estoy tratando de conseguir ayuda financiera. Me encontré con un obstáculo, pero juré que me graduaría de la universidad, incluso si muriera una hora después.

Geovany Jacobo

Es Lo Que Es

Entrada 49

Mi hermano Leo, el cabrón más loco que jamás haya existido. Estoy 99% seguro de que era descendiente del mismísimo Benito Mussolini. Me atrevo a decir que mataría a un hombre. Nunca lo hizo porque el amor de mi madre no se lo permitió. Él, como yo, llevaba el apellido de nuestra madre paterna. Nuestros padres crecieron emocionalmente destrozados porque tuvieron una infancia pésima. Supongo que mi madre eligió con el corazón, no con el cerebro. Leo, como sus antepasados, era un sociópata, una pesadilla, para ser franco.

Leo era un estadounidense de segunda generación, descendiente de un inmigrante italiano. Apuesto a que su abuelo huyó de Europa después de la Segunda Guerra Mundial y terminó en El Salvador. Es la única explicación lógica de por qué no nombró a sus hijos con su apellido. Pero, cualesquiera que fueran las circunstancias, el abuelo de Leo era un cabrón loco. Aprendiendo de las acciones y reacciones de Leo, pude ver cómo era su abuelo en vida.

Leo padre era igual de mierda, que en paz descanse su alma. Era un corredor, se escapaba de los matadores de cerdo en los años 80. Así es como se escapó de la paternidad cuando sintió a Leo moverse dentro del estómago de mi madre. Es lo que es: mi madre no sabía en qué se estaba metiendo con Leo padre. Él hubiera golpeado a mi madre. Lo deportaron de regreso a El Salvador porque golpeó a una mujer casi hasta matarla. Heredó propiedades de su madre. Eran de una familia adinerada de El Salvador. Leo padre era un hombre rico en su país; simplemente estaba loco. En su histeria de borracho, golpeaba a los miembros de las maras del barrio.

Leo, mi hermano, se escapó del hogar comunitario. Estaba allí porque mi madre ya no podía soportarlo más. Estaba inquieto; empezó a tener malas influencias. No juzgo a nadie, pero mi madre quería lo mejor para mi hermano. Después de escaparse del hogar comunitario, fue a la casa. Sabiendo que la policía lo buscaba, decidió entregarse. Recuerdo que nos detuvimos en Jack in the Crack y compramos un Ultimate Cheese Combo cada uno. Hablamos durante un par de horas sobre lo jodida que se estaba volviendo la vida. No sabíamos cuánto más jodida se volvería.

Jugamos al balonmano durante dos horas. Nos acompañaba nuestro primo Ernesto. Esos momentos se convirtieron en memorables para nosotros. Él jugaba como si no hubiera un mañana. Yo emborrachándome con una botella de OE, él drogándose con una moneda de diez centavos que había comprado. Finalmente llegó el momento de que entrara. Nos abrazamos, sabiendo que nos veríamos pronto. Antes de que saliera del coche, puse la canción "Tales of the Great Ulysses" de Cream. Era su canción favorita. Para muchos, él era un don nadie, un maldito imbécil. Para su madre y sus hermanos, era un descendiente de la mayor civilización que jamás haya existido, un maldito romano. Era nuestro alguien. Al estudiar mi vida y la de mis hermanos, entendí que nuestro futuro está escrito de antemano; necesitamos hacer pequeños cambios productivos para que nuestros descendientes no cometan los mismos errores. Leo nunca tuvo hijos, o eso creía yo.

Es lo que es.

Leopoldo Murillo

Sra. Milwaukee 6.9
Entrada 50

Geo y yo nos hicimos amigos de una pareja en Yuma, Arizona. Ambos son nativos y bebedores empedernidos como nosotros. Eran una pareja encantadora a su manera. La llamamos Ms. Milwaukee. Es alta, increíblemente hermosa, elocuente y se expresa con claridad, y la llaman Yeti. Respetuosamente se convirtió en nuestra hermana; era la novia del colega. Podía beber como un hombre, así que la bautizamos Ms. Milwaukee. 6.9 porque después de unos tragos, golpeaba a su hombre.

Geo siempre invitaba a los Milwaukee a las reuniones que organizaban mis hermanos. La casa de mi madre siempre estaba abierta para nuestros amigos borrachos. Los hermanos siempre trataban a la Sra. Milwaukee con respeto. Yo hacía parrilladas o cocinaba, y siempre la pasábamos bien comiendo y celebrando. Cociné mole de pollo, que salió bueno a pesar de experimentar con diferentes especias de mole. Supongo que todo ese alcohol fue inspirador.

Cada banquete terminaba en una pelea. Geo iniciaba la mayoría de las peleas. Erick y el Sr. Milwaukee no se querían, así que a veces ellos empezaban las peleas. Cada vez que nos reuníamos, terminábamos con los labios rotos, el culo borracho y el estómago lleno. Eran los buenos momentos.

Geo y yo nos mudamos a Guadalupe. Perdimos contacto con todos nuestros amigos. Empezamos a vivir en las calles de Phoenix y terminamos en Guadalupe. Hicimos nuevos amigos; Geo tenía muchos trabajos nuevos. Nuestros amigos y los trabajos de Geo eran temporales debido a nuestro problema con el alcohol. No estoy poniendo excusas; solo estoy afirmando la realidad. Estábamos jodidos. Me estaba muriendo cuando Geo llamó a mi madre para que nos recogiera. Después de perder mi pierna y casi perder mis pelotas, me mudé de nuevo a Yuma. Eran los malos tiempos.

Regresé al lugar al que juré no volver. Dije que nunca volvería a entrar en la casa de mi madre. Rompí la mitad de mi promesa; entré en la casa en silla de ruedas, pero estaba feliz de estar vivo. En lugar de que las cosas mejoraran, seguimos bebiendo. Estábamos en una carrera contra la muerte; nos desafiábamos unos a otros para ver quién llegaba primero. Aproveché una ventaja temprana con un ataque al corazón, pero Geo me ganó un año después. Me deprimí profundamente. Juré por la memoria de Geo no beber alcohol durante un año, y esta vez, cumplí mi promesa.

La Sra. Milwaukee reapareció en mi vida; estaba comprando en Food City. Recuerdo haberla visto cuando la canción de mi teléfono sonaba "Hey Stoopid" de Alice Copper. Me alegré de saber que ella también estaba sobria. Tal vez tocó fondo para dejar de beber; yo también toqué fondo. Sea lo que sea lo que le haya pasado, estaba mejorando. Ahora, me sentía seguro estando cerca de ella. La Sra. Milwaukee es ahora una inspiración para todos nosotros. Ella me motiva a ser mejor, a mantenerme alejado de las sustancias que consumíamos en el pasado. Ambos luchamos por evitar el increíblemente sabroso y refrescante Milwaukee's Best. De vez en cuando, ella me envía citas en línea. Su mejor hasta ahora es "Ocúpate de vivir... u ocúpate de morir..."

Geovany Jacobo

Rey Kobe
Entrada 51

Mi hermano Jesse tiene un bulldog francés. Amamos al perro como si fuera de la familia, es el más joven de todos los hermanos. Es valiente, tiene mal carácter y un gran corazón. Nuestro Kobe sufre de hemivértebras, que le causan dolores en la columna hasta el punto de que puede perder la capacidad de caminar. Kobe es muy querido para nosotros; me recuerda a Geo y Leo, que siempre están buscando la próxima pelea. Ver a Kobe me hace recordar a todos nuestros perros, especialmente a nuestros favoritos.

Mi perrita favorita era Bunny, una pitbull hembra de cuerpo negro y cabeza blanca. No llegó a envejecer. Contrajo parvovirus y se debilitó demasiado. Fue con ella que presencié la muerte por primera vez. He visto gente muerta en las calles de San Salvador, pero nunca del momento en que algo estaba vivo y de repente murió. Fue mi primer perro. Me puso triste, pero no descorazonado.

La favorita de Leo era Blackie. Una pitbull completamente negra, la madre de Bunny. Blackie fue la primera perra de Leo y su favorita; aunque era suyo, Blackie era considerada la perra de la casa. El patio trasero era su dominio. Cuidaba de los gallos de pelea y las gallinas que tenía. Era amigable con la gente. Se convertía en una asesina con otros perros. Nos sentíamos seguros con ella en la propiedad. Murió de vieja, feliz de habernos servido como mascota y ángel guardián.

El favorito de Eric era Hipopótamo, también conocido como Hipó. Era un pitbull macho azul. Hipó tenía un comportamiento tranquilo y era muy silencioso. Casi no ladraba, solo cuando jugaba felizmente con nosotros. No soportaba la presencia de otros perros; Hipó era un asesino de perros natural. Tengo un limonero en mi patio trasero, e Hipó se acostaba debajo de él justo después de que lo regaba. Se veía gracioso; el perro parecía un hipopótamo real en el cuerpo de agua. Murió de viejo, pero tuvo una vida difícil; era un asesino loco.

La favorita de Geo era Lokster, un pitbull hembra de nariz azul. Tuvimos 25 cachorros en dos camadas. Lokster era la madre de Hipó. Era una asesina de gatos. Lokster trepaba paredes de tres metros persiguiendo a los malditos gatos. Se convirtió en la residente permanente de la casa de mi madre. Desde el día en que era una cachorra hasta su muerte 15 años después. La perra favorita de Geo.

El perro favorito de mi madre es Beefy. Un enorme pitbull azul, nos lo regaló un amigo de Geo. Beefy paso la mayor parte de su vida atado al lado de un coche abandonado en un patio trasero. Se nota que el perro agradece cómo lo tratamos en la casa. Apenas ladra, pero es el rey del patio trasero. Cuando llegó a la casa, era un perro roto. Con el tiempo, ganó confianza. Beefy fue el último perro de Geo antes de que falleciera. Pero el amor y la lealtad de Beefy están con mi madre. Es curioso que sea un perro aterrador, pero una criatura cariñosa. Es amigo de todos. No mata a las gallinas y los gallos que tenemos. Es excelente con los demás perros de la casa. Ni siquiera ahuyenta a las palomas del patio trasero. Se hizo amigo de las malditas ratas. La única vez que lo he visto enfadado es cuando piensa que mi madre está en peligro. Siento que mi madre está 100% segura en la propiedad, gracias a Beefy.

El perro favorito de Jesse es Kobe, nuestro pequeño francés de mal carácter. Es la reencarnación de Napoleón Bonaparte. Lo que le falta en altura lo compensa con su corazón. Ha sido el perro favorito de mi sobrina. Hemos amado a nuestros perros con todo nuestro corazón. Nosotros, como hermanos, hemos luchado con vicios y malas decisiones. Pero tener perros de mascota nos ha mantenido cuerdos. Ahora, Kobe está luchando por su vida en un hospital veterinario mexicano. No se ve bien para él. Dios sabe que no queremos que muera.

Descanse en paz el Rey Kobe

Geovany Jacobo

Verdad Tangible
Entrada 52

"La verdad tangible" apareció en mi cerebro hoy a las 3:30 am "La verdad tangible" se repetía constantemente cuando iba al baño en mi silla de ruedas. Me estaba quedando dormido mientras respondía al llamado de la naturaleza, cagando. Escuché "verdad tangible" nuevamente. Estaba frustrado porque la palabra no era parte de mi léxico superficial. Al principio, creí que era el Diablo tratando de poner pensamientos confusos en mi cabeza. Rápidamente me di cuenta de que, si fuera el Diablo hablando, me estaría diciendo que me hiciera una paja. Una vez que terminé de usar el baño, fui directo a mi computadora portátil. Escribí la palabra y apareció en YouTube. Tangible Truth Ministries apareció. Había olvidado que estaba viendo un sermón sobre la Biblia.

La verdad tangible es un concepto que convierte una experiencia triste en un artefacto valioso. Si esa afirmación es cierta, me convierte en el líder más inspirador que uno puede ser. Pero solo soy un maldito alcohólico que está tratando de darle sentido a la vida misma. Pasé por tantas situaciones en las que estuve a punto de morir que perdí la cuenta. El sol era mi calentador y la noche mi manta. Mis viajes de vacaciones eran largas estadías en el hospital. Las muchas botellas de hospital que acumulé de diferentes ciudades son los únicos recordatorios de mi estadía. Son la verdad tangible de la maldita vida que tuve y aún vivo para contarla.

La muerte de Leo no me enseñó nada. Seguí consumiendo como si no hubiera un mañana. Geo lloró por el resto de su vida por Leo. La verdad tangible me golpeó cuando presencié el último aliento de Geo mientras estaba pasando por una resaca terrible. No tener a mi hermano conmigo no podría ser más real que eso. Los días más felices de mi vida fueron cuando mis hermanos pequeños entraron a la casa por primera vez en los brazos de mi madre. Escuchando a mi madre decir: "Es un niño saludable". Ahora, vivo con la verdad tangible de que no volveré a abrazar a Leo ni a Geo.

Hoy tengo un objetivo diferente: estar sano y ser un excelente ejemplo para mis otros dos hermanos. Eric está siendo el mejor hombre que puede ser para sus hijas. Ellas son el futuro brillante de la familia. Al final, las sobrinas encontrarán la tierra prometida; esos son mis deseos. Jesse también está bien, es el más joven de todos los hermanos. Nació dentro del infierno que habíamos creado. Con suerte, encontrará las puertas estrechas con la guía de Dios y la familia. Así que esa es mi verdad tangible. Una palabra cuyo significado no conocía y Dios me la susurró al oído cuando dormía para encontrar un propósito en mi vida jodida. Ahora, estoy tratando de ser mejor con el mismo entusiasmo que tenía cuando me desperté y lo primero que hice fue abrir mi primer vaso de 40 onzas del día. Así que, brindis por la "jodida verdad tangible".

Leopoldo Murillo

Solo en Casa 2024
Entrada 53

Nunca he estado solo en mi vida. No sé qué pensar de ello. Incluso en la cárcel, estaba con Geo; justo cuando vimos que se acercaban los policías, estábamos bebiendo cerveza. Eso es amor verdadero por el vicio. Queríamos asegurarnos de que nos declararan culpables de beber en público, lo que llaman intoxicación pública, CULPABLE. Debo decir que me siento solo, triste y feliz. Soy humano; necesito una contraparte femenina en mi vida, una sobria. Me pueden persuadir fácilmente para que empiece a beber si eso significa que voy a conseguir un culo. Por ahora, estoy destinado a estar solo en un año electoral. Ambos partidos están jodidos. Los demócratas son gay y los republicanos son estúpidos. Es mejor estar solo que mal acompañado.

Éramos una familia muy unida. Mi padrastro nos enseñó el caos, así que siempre luchábamos unos contra otros. El amor de mi madre nos enseñó la unidad, así que siempre nos apoyamos mutuamente cuando enfrentábamos la adversidad. Yo lo seguí cuando Leo decidió irse de casa. Conseguimos un apartamento en Hollywood. Cuando Geo quiso irse de casa, me fui con él a Phoenix. Aunque éramos medio hermanos, nuestro vínculo era inquebrantable, ya que éramos solo los hijos de mi madre, los hijos de Patricia Acosta.

Envejecimos, los cinco. Ahora, no solo teníamos la misma sangre corriendo por nuestras venas, sino que también teníamos alcohol corriendo por nuestras venas y con un nivel de alcohol en sangre muy alto. Sin pensarlo, los vicios del alcohol y las drogas arruinaron nuestras vidas, pero no nos importaba una mierda. Nos teníamos el uno al otro para confiar. Creíamos que éramos invencibles, inmortales. La muerte era una realidad lejana hasta que llamó a nuestra puerta como un invitado no invitado. Leo falleció por complicaciones pancreáticas. Tuve un ataque cardíaco; por suerte, no abrí las puertas de mi corazón para dejar que la muerte entrara. Geo falleció por cirrosis hepática. Eric y Jesse también tuvieron complicaciones que los llevaron al hospital. De repente, la vida ya no era divertida. Estaba sentado en mi silla de ruedas solo en mi casa.

Ahora me doy cuenta de que me perdí una parte esencial de mi vida. No vi la importancia de estar en una relación y tener hijos. Felizmente caí en los vicios que puso el gobierno para regular la población y detener la reproducción de los débiles.

Somos 7.951 mil millones de almas caminando en el planeta Tierra. Por eso la pandemia, las guerras que se libran en todo el mundo, la hambruna. Cuando la mierda golpea el ventilador, la TERCERA GUERRA MUNDIAL. Para empeorar las cosas. Este país carece de líderes; tenemos maricones a la izquierda y retrasados a la derecha. Estoy viendo a este país perder su supremacía en el mundo y no podemos hacer nada al respecto. Me siento solo en 2024. Extraño a mis hermanos.

Geovany Jacobo

Mi Ultima Bebida
Entrada final

El 2 de marzo del 2023, mi hermano Geo y yo bebimos Milwaukee's Best. Estábamos viendo una película que creíamos que nunca volveríamos a ver. "Bullet", protagonizada por Tupac Shakur y Mickey Rourke. Durante mucho tiempo la busqué en Internet, pero nunca la compré; la mayoría de las veces era porque estaba en bancarrota. Entonces encontramos una copia de la película entre los miles de trastos que mi madre ofrece en la venta de garaje. Debía ser una copia que teníamos de hace una década y que habíamos olvidado. Nos trajo recuerdos felices de nuestro pasado. La carne asada, la cantidad infinita de cervezas y todos esos recuerdos me hicieron sentir como si estuviera en el cielo. Seguimos bebiendo, no al mismo ritmo que antes. Pero mi hermano estaba mezclando pequeños tragos de vodka y tequila. No recuerdo qué vimos después de la película, nos pusimos muy mal. Él se quedó dormido en su cama y yo en mi cama de hospital.

El 3 de marzo 2023, Geo me despertó. Mi madre lo llevó en su auto. Iba a sacar dinero de mi cheque por discapacidad. Era parte de la rutina del mes. Era hora de pagar el alquiler, las facturas y a las personas a las que debíamos dinero, y de comprar cerveza. Le di mi tarjeta a Geo y le dije que quería dos cervezas. Caminaba con lentitud. Normalmente nos despertamos así porque siempre empezamos el día con resaca.

Volvieron de la licorería. Geo me devolvió la tarjeta y dijo que le había pagado el alquiler a mi madre. Se sentó en la cama durante un minuto y caminó hacia el patio trasero. Su rutina diaria consistía en ir a la tienda y luego ver cómo estaba Beefy, su pitbull. Se sentó en los muebles del patio trasero que teníamos afuera. Habló con mi abuela durante unos 15 minutos.

Mientras tanto, un cliente vino a ver a mi madre por un vestido. Para entonces, Geo había abierto su primera cerveza y yo estaba despertando. Después de 15 minutos, Geo entró en la cocina, agarrándose de todo lo que se interponía en su camino. No podía caminar derecho; tenía que agarrarse del fregadero, el refrigerador y la abertura de la puerta. Mi madre lo agarró del brazo y, con su hombro, lo guio hasta la habitación. Era extraño que estuviera tan borracho a esa hora del día. No podía hablar ni mantener los ojos abiertos. Estaba sentado en su cama frente a mí. Me quedé mirándolo con preocupación, preguntándome por qué estaba tan jodido, y de la nada, cayó de lado en la cama. Todavía respiraba, así que supe que no estaba muerto. Llamé a mi madre, de todos modos, para que viniera a ver cómo estaba. Ella comenzó a abofetearlo para que despertara, pero no respondía. Fue entonces cuando supe que la muerte había venido a visitarlo. No estaba despertando. Le dije a mi madre que llamara al 911 de inmediato y ella lo hizo. Al instante, mi resaca desapareció y me llevé un duro despertar al ver a mi hermano morir.

Los paramédicos llegaron de inmediato. Intentaron resucitar a Geo, pero no pudieron. Cuando los paramédicos sacaron a mi hermano del dormitorio en la camilla, tenía una máquina de bombeo cardíaco, pero era inútil; había muerto en el dormitorio. La muerte de mi hermano fue tan trágica y pacífica al mismo tiempo. Es triste porque era joven y tenía mucho potencial. Tranquila porque no murió en las calles. No lo mataron a tiros, ni estuvo en el hospital ni en la cárcel ni sufrió un accidente. Murió sin dolor alguno, en la cama y borracho como la mierda. Fue entonces cuando Geo se convirtió en alguien a quien amé con todo mi corazón, a alguien que recordaré por el resto de mi vida.

Fue entonces cuando realmente toqué fondo. Llegué a la conclusión de que cuando odias algo tanto, te dan náuseas cuando lo ves o lo pruebas. A partir de ese día, dejé de beber. Empecé prometiéndole un año de sobriedad en memoria de Geo. Después de eso, no tuve el deseo de seguir bebiendo. Ahora, tengo la justicia de mi lado. Dios decidirá cuándo muera. Ya no tengo miedo, pero no estoy corriendo hacia él.

Descansa en paz, Leo

Descansa en paz, Geo

Geovany Jacobo

Expresiones de Gratitud

A mi amada madre, porque con su amor todo lo ha hecho posible. Por su lealtad y dedicación, la familia Acosta tuvo las puertas abiertas a nuevas oportunidades. La matriarca, el núcleo de la célula familiar. Su compasión es tan inmensa que cuatro Acostas han realizado el Sacramento de la Penitencia con ella. Que Dios la mantenga con salud por mucho tiempo, sus nietas la necesitan en su vida.

A mis hermanos por ser coprotagonistas de mi existencia. Saben que siempre estarán en mi corazón.

Made in the USA
Columbia, SC
20 January 2025